皖南医学院博士科研启动资金资助项目结项成果

XINGSHI DNA ZHENGJU DE
FALI JICHU HE YINGYONG JIAZHI

刑事DNA证据的
法理基础和应用价值

汪　枫◎著

安徽师范大学出版社

·芜湖·

图书在版编目（CIP）数据

刑事DNA证据的法理基础和应用价值 / 汪枫著. — 芜湖：安徽师范大学出版社，2019.3
ISBN 978-7-5676-3812-9

Ⅰ.①刑… Ⅱ.①汪… Ⅲ.①脱氧核糖核酸－法医学鉴定－应用－刑事诉讼－证据－研究 Ⅳ.①D919.2 ②D915.313.04

中国版本图书馆CIP数据核字（2018）第236765号

刑事DNA证据的法理基础和应用价值　　　　　　　　　　　　　汪　枫　著

责任编辑：丁　立　陈贻云　丁　翔
装帧设计：丁奕奕
出版发行：安徽师范大学出版社
　　　　　芜湖市九华南路189号安徽师范大学花津校区
网　　址：http://www.ahnupress.com
发 行 部：0553-3883578　5910327　5910310(传真)
印　　刷：江苏凤凰数码印务有限公司
版　　次：2019年3月第1版
印　　次：2019年3月第1次印刷
开　　本：700 mm×1000 mm　1/16
印　　张：10.75
字　　数：164千字
书　　号：ISBN 978-7-5676-3812-9
定　　价：36.00元

目 录

1 绪 论

1.1 研究缘起

科技为侦查插上翅膀,智慧乃侦查的灵魂。现代化的科学技术能给侦查插上翅膀,使刑事侦查对犯罪事实的发现能观之有形、听之有声、查之有据,但科技的运用更有赖于人类的智慧。刑事审判是为了获得正确判决,所获得判决的正确性有时偏重于实体正义,有时偏重案结事了,所以,刑事诉讼程序其实是一种认知程序。由于被追诉人的供述及证人证言具有不稳定性及罪犯屡屡使用科技或专业技能实施犯罪或实现脱罪的目的,因此,司法机关为了发现案件事实真相,避免冤及无辜,不得不依赖于科学证据的广泛应用,如指纹鉴定、DNA 鉴定、血液鉴定、死因鉴定、毒物鉴定等。

真实发现系刑事诉讼目的之一,然而对于如何通过刑事诉讼程序寻找犯罪事实,则是人类不断苦思的问题。在人类社会初期,人们会以异常的自然现象为违背神意的表征,并据此来判断犯罪嫌疑人是否有罪。嗣后,随着人类对于自然现象认知的增进,对于事实的判断则主要依据经验与理性,因而人们逐渐相信证据的价值,特别是被追诉人的口供,并将其奉为证据之王。而今日看来,这些证据或事实认定的过往,或许荒诞无比,但是人类的审判方式是随着人类知识的不断积累而发展的,人类不断寻找最适当的方法来协助审判者查明案件事实真相。

在科学技术高度发达的当下,人类日常生活莫不与科学知识、技术息息相关。科学也是人类理性知识的表达,在此背景下,科学知识被逐渐运用于诉讼,因此,现代刑事诉讼制度深受科学的影响,甚至认定案件事实的证据必须具备科学性的经验法则和逻辑法则。众所周知,DNA证据对于个人身份识别具有相当重要的价值。对于适用DNA知识和技术的DNA证据,人们固然信任其效力,但DNA证据所运用的科学知识和技术是否确实可靠?或者我们应以何种态度面对DNA证据?法官是否有能力掌握DNA证据的强大效力?面对种种疑问,笔者将重新思考DNA证据对于刑事诉讼的价值。

美国证据法大师威格莫尔曾推崇交叉询问制度,认为这是发现案件真相的伟大发明。美国纽约州法官哈里斯则认为,将DNA指纹鉴定技术运用于诉讼程序,是自交叉询问制度后,在发现真实上的又一伟大成就。刑事司法科学可分为两类,一类为分类及定量之法科学,另一类为个别化之法科学。前者主要是援引化学、生物及一般科学原理,目的是为了将一些物质、物体或事件加以分类,即定性研究。在定性研究的基础上还可以进一步进行定量研究,例如驾驶员血液中是否含有酒精成分及其血液酒精浓度的判定。后者也被称为刑事司法指认科学,此种特殊的指认是建立在认定世界上所有的人、物均有其个别性且与他人及他物均存在差异的基础之上。其中,DNA比对是此一指认科学家族的新成员。

在刑事侦查技术变革中,有学者提出科学侦查的概念以区别于传统侦查行为。传统侦查行为多先取得被追诉人之自白,并以该自白为线索查找物证,以求查明案件事实。所谓科学侦查是利用科学技术手段而实施的证据收集和分析活动,克服了传统侦查的刑讯逼供和误判的风险。因此,侦查机关逐渐将DNA证据作为侦查犯罪之利器,积极将其作为被追诉人个人身份识别和收集犯罪证据的手段,而在刑事法庭审判中,以DNA证据作为定罪量刑主要依据的案例也逐渐增加。

刑事 DNA 证据在洗刷冤屈上发挥了举足轻重的作用。1996年6月,美国司法部的法务计划局发表了一本名为《陪审团定罪,科学免罪——判决确定后因 DNA 鉴定证明无罪之案例研究》的报告,列举了28个由于 DNA 鉴定技术介入而平冤昭雪的案例。所有案例至真相大白之日,被告人平均服刑已达7年,其中不乏自白认罪者①。

在 DNA 证据问世之初,对于刑事 DNA 样本的提取、包装、保存、送检、检测技术、匹配概率的计算及其运用于刑事诉讼的证据能力和证明力如何,学界见解不一。然而随着 DNA 检测分析技术的日益成熟,该技术本身的可靠性获得肯定,DNA 检测也成为刑事侦查实务中常见的取证手段之一。如采集性侵害案件中被害人身体内遗留的被追诉人的精斑、提取犯罪现场遗留的血液和唾液等生物性物证已成为办理此类案件的标准化流程。而为了进一步确定被害人体内和现场遗留的生物性物证是否为被追诉人所遗留,则须采集被追诉人的 DNA 样本进行分析比对,以排除或确认被追诉人涉案的可能性。

有学者认为,科学侦查对人权可能造成侵害的风险是不容忽视的。虽然 DNA 证据具有先天性的优势,但任一 DNA 证据都可以不加区分地具有可采性和毋庸置疑的证明力吗? 答案显然是否定的。笔者存在以下几点忧虑:①如何从被追诉人身体采集 DNA 样本以供比对? ②各种 DNA 样本的采样行为是否涉及侵犯公民的基本权利? ③应有哪些应对措施以防止公民的基本人权在刑事诉讼过程中被过度侵害? 对此,部分国家和地区进行了比较详细的法律规范。和我国台湾地区《去氧核糖核酸采样条例》对强制采样的案件类型进行了法律规制,仅适用于性侵害犯罪和重大暴力犯罪案件,而对于其他类型的案件,则以犯罪嫌疑人被拘留或逮捕到案为前提。

自1970年后,以科罗拉多州为代表的美国7个州,陆续以立法或修改法院规则的方式确立了由司法警察或检察官向法院申请司法令状对被追诉人采集指纹、血液、唾液等以进行个体身份识别的制度。该制度最大的特点在

① 参见朱富美著:《科学鉴定与刑事侦查》,北京:中国民主法制出版社,2006年版,第271-272页。

于限定犯罪类型为一定范围的重罪,并赋予被追诉人更多的程序性权利。同时授权法官在审查此类令状时,其心证仅需达到"合理怀疑"的程度即可,这与美国传统判例认为对公民的搜查行为必须达到"相当理由"有所不同。而我国《刑事诉讼法》和相关司法解释并没有对DNA样本强制采样的案件类型和程序保障进行法律规制。

还有一种情形是在发生性侵害或重大暴力犯罪案件时,警方虽在被害人身上或现场采集到被追诉人所遗留的唾液、精液,但在送往鉴定机构进行比对查无匹配的对象时,因欠缺进一步的线索,而使案件侦办完全陷于停滞。在欧美等国均曾出现警方在辖区内发生震惊社会的连环杀人案或性犯罪等案件后,为求破案只得大规模采集所有与案发现场有地缘关系或与被害人曾有接触的人的DNA样本进行检验比对的案例。这种方式在侦查实务中被称为全面采验DNA,也被称为撒网式采验DNA,意思在于这种采集DNA样本的方法如天罗地网般、毫不区分个人的可疑程度,而在征得被采样人同意后,有的甚至未经被采样人同意,对其进行强制采样。

欧美刑事侦查实务中均曾发生过某些小镇为查出凶犯,请全镇居民同意提供DNA样本。最早的案例是1987年发生在英国的一件强奸杀人案。继英国后,欧洲也有数个国家采用撒网式检验DNA,如1998年法国为了指认强奸罪的嫌犯,对169名男子采集身体物质检验DNA。1998年3月至5月间,德国进行了史上最大规模的撒网检验DNA程序,总共对16400名男子进行DNA检验,结果查获一名30岁男性犯罪嫌疑人。

美国也曾小规模进行此种地区性DNA检验,对与犯罪有所牵连的特定范围内的公民进行无令状采验DNA。1998年,在马里兰州的医院里,一位主管护士被勒死在办公室内,全身被捆绑并被性侵害。当地警察局对四百名医院服务人员及当日曾经到访者收集唾液检验DNA[1]。但撒网式检验DNA却引起了美国各界的激烈争论。撒网式检验DNA案件具有以下共同特点:无法锁定特定个人,实施对象为特定范围的人;多为最后的手段,用其他手

———————————

①参见朱富美著:《科学鉴定与刑事侦查》,北京:中国民主法制出版社,2006年版,第286-287页。.

段无法发现嫌犯;无法官签发的司法令状;缺乏对个人的个别怀疑。在美国,采集被追诉人的血液、唾液等样本以检验DNA的行为属于搜查行为,依据美国联邦宪法规定,需具有相当理由并申请搜查票方可执行。美国国内对于撒网式检验DNA是否具有相当理由的问题存在巨大分歧。赞成者认为,美国联邦宪法第四修正案并未限制警察取得市民同意而协助调查,并认为此种撒网的本质不构成联邦宪法第四修正案的搜查或扣押。对此持保留态度者则认为,此种检验DNA的方式可能构成非法搜查,侵犯联邦宪法第四修正案保障的公民隐私权①。

近年来,中国媒体关于撒网式采验DNA的新闻报道也屡见不鲜,并引发公众的广泛争论。如武汉某女大学生身亡,警方要求邻近四所高校男性师生“集体采血验DNA”。警方的这一行为引起了公众和学者的普遍质疑。质疑一:集体采血验DNA的成本由谁承担? 质疑二:集体采血验DNA的侦查手段是否合法? 质疑三:集体采集血液样本是否适当? 质疑四:集体采血验DNA是否侵犯了无辜平民的人权? 对于上述质疑,笔者概括为:第一,应以何种方式来获取哪些公民的何种DNA样本? 第二,立法应进行怎样的程序设计来保障无辜公民的基本权利? 对这些问题,我国《刑事诉讼法》和相关司法解释均未给出相应的答案。笔者认为对于上述问题,立法必须进行相应的制度设计和程序规范,在惩罚犯罪与保障人权之间达到价值均衡。

证据能力是指证据得以提出于法庭调查,以供作为认定犯罪事实之用所应具备的资格,此项资格必须是证据与待证事实之间具有相关性,符合法定形式,且未受法律的禁止或排除。有学者认为,判断刑事DNA证据的证据能力,应以DNA鉴定技术为基础来进行探讨,可分为两个方面:第一,DNA鉴定技术的适当性;第二,DNA鉴定技术运用的正确性。DNA鉴定技术的适当性是指只要对DNA鉴定拥有专门知识和技术的人,依据适当的方法进行鉴定,其鉴定结果对法官不致产生主观上的不当偏见,就要承认其证据能力。DNA鉴定技术运用的正确性是指DNA鉴定样本或管理上不存在瑕疵。例如DNA鉴定意见书的日期有无错误、鉴定对象有无错误、鉴定人有无

---

①参见王兆鹏著:《刑事诉讼讲义(一)》,台北:元照出版公司,2003年版,第75页。

签名等必要的程序性要件有无欠缺,此时则发生可否补正的问题,若可补正,法院得命其补正,拒不补证,则DNA鉴定意见不具有证据能力。在DNA样本的保存和管理上发生瑕疵,如血痕和精斑等生物性检材受到温度、湿度等环境因素的影响而分解,则以其为基础的DNA鉴定意见的可信性将令人怀疑,则可以排除DNA鉴定意见的证据能力。我国《刑事诉讼法》只从鉴定意见这一法定证据形式上对鉴定意见的证据资格进行了法律规范,但鉴定意见所包括的范围很广,且涉及多个不同学科领域,因此,笔者认为应就刑事DNA证据的证据资格问题进行系统的探讨,以指导刑事司法实践。

物证检验结果根据性质可以区分为具有类别性特征的物证和具有个别化特征的物证两大类。前者的鉴定结果仅能归纳为同一类,无法认定该物证归属某一特定个体,如ABO血型证据等。后者是独有或特有的物证,如刑事DNA证据、指纹证据等。在证明力的判断上,前者可供刑事侦查排除或缩小侦查范围,证明力较为薄弱。后者因具有特定性、排他性特征,其证明力则具有极高盖然性。根据刑事诉讼基本原理,证据的证明力由法官自由心证判断。这种判断包括两个方面:第一,证据可靠性的判断;第二,证据事实可认定何种事项的判断。对于证据的评价方式法律并未加以规定,而是由法官依自由心证原则进行判断,但证据评价过程是法官个人主观确信的建构过程,法官内心心证的形成并非可以恣意而为,而应依经验、逻辑法则或其他证据法则进行,也就是其建构过程必须具有客观性、逻辑性。因此,本书研究的目的之一在于为法官提供系统的审查和判断刑事DNA证据的证明力大小的参考依据,以提高法官审查判断刑事DNA证据的能力。

1.2　研究现状

1.2.1　国内研究现状

1.2.1.1　刑事DNA证据与基本人权保障

近年来,我国大陆学者对刑事DNA证据基础理论问题的研究并没有专门的著作或论文。笔者查阅相关文献检索数据库,发现陈光中教授等对强制采样与公民的人身权、公民自由权和隐私权之间的紧张关系进行了论述,并建议将强制采样界定为一种独立的侦查行为,并对强制采样的对象和适用程序进行法律规制,同时应构建被采样人的权利救济机制。该研究认为两大法系国家对于强制采样的法律规制应遵守法律保留原则、比例原则和令状原则。同时认为我国《刑事诉讼法》中的身体检查制度本质上不同于强制采样制度,我国刑事诉讼有关强制采样的立法近乎空白,并分析了美国、英国、日本、德国等法治发达国家关于强制采样的刑事诉讼立法,提出中国强制采样的三种立法模式:第一,美国模式;第二,英国模式;第三,德日模式[1]。学者毛建平等也撰文对强制采样与基本人权的保障问题进行了初步探讨[2]。从刑事DNA数据库的角度,学者邱格屏对刑事DNA数据在采集、储存及使用中的隐私权保护问题进行了研究。该研究对支持和反对刑事DNA数据库侵犯基因隐私权的不同观点进行了详细的分析和论述,认为正方和反方的观点并非不可调和,而应对DNA样本的保留时间、DNA样本的使用目的和使用DNA数据库的主体等方面进行法律规范,以实现惩罚犯罪和保障人权的平衡[3]。刘晓丹撰文对惩罚犯罪和保护公民隐私权之间平衡的问

---

① 参见陈光中,陈学权:《强制采样与人权保障之冲突与平衡》,载《现代法学》,2005年第5期。

② 参见毛建平,段学明:《强制采样与人权保护》,载《人民检察》,2005年第9期。

③ 参见邱格屏:《刑事DNA数据库的基因隐私权分析》,载《法学论坛》,2008年第2期。

题进行了论述,提出应对DNA强制采样的对象与程序、DNA样本的保留与销毁作出明确的规定,并通过完善立法以适应DNA数据库的应用①。

1.2.1.2 刑事DNA采样和分析规范研究

笔者查阅国内相关文献检索数据库发现,我国大陆学者发表的关于刑事DNA样本采样规范的论著仅有几篇。学者赵兴春对刑事DNA证据立法进行了研究,主要内容涵盖以下五个方面:第一,刑事DNA检测分析的目的;第二,刑事DNA样本来源的合法性;第三,刑事DNA样本取证主体的合法性;第四,DNA检测鉴定过程中,刑事DNA样本采样程序的法律规范;第五,刑事DNA样本保存和销毁的法律规制②。2012年华东政法大学硕士研究生王琼在其硕士论文《论我国刑事强制采样程序的合理构建》中,对刑事案件DNA的采样进行了相应的研究,主要包括强制采样的概念、性质、特征、分类以及强制采样的正当性;分析了我国强制采样刑事诉讼立法和司法实践中存在的缺陷;参照域外法治国家相关立法的经验,构建我国强制采样的程序规范。

1.2.1.3 刑事DNA证据的证据能力和证明力问题

我国理论界对刑事DNA证据的证据能力和证明力问题的研究较少。目前我国学界对刑事DNA证据的证据能力和证明力问题的研究大多集中在以下几个方面:①DNA鉴定的检验和结论的分析研究。如俞树毅教授不仅研究了刑事DNA样本采样程序的法律规范,同时也对DNA鉴定结论的证明力和证据能力问题进行了探讨,并建议立法赋予被追诉人刑事DNA鉴定启动权③。②刑事DNA证据的证明力研究。如邱格屏教授认为,对DNA的检测和分析是由鉴定人实现的,其中或多或少掺杂着人的因素,因此,不能排除

---

①参见刘晓丹:《DNA样本强制采集与隐私权保护》,载《中国人民公安大学学报(社会科学版)》,2012年第3期。

②参见赵兴春:《刑事案件DNA检验采样与鉴定立法现状》,载《证据科学》,2009年第1期。

③参见俞树毅:《科学证据DNA检验及其结论之研究》,载《兰州大学学报》,2005年第2期。

人的因素对 DNA 检测结果准确性的影响。法律工作者在评判 DNA 证据的证明力时应保持谨慎的态度[①]。赵兴春等人对建立适合中国国情的 DNA 实验室质量保证标准问题进行了探讨,从 DNA 鉴定程序中的检测质量控制、鉴定人员配置、人员组织管理、检测用仪器设备、样本管理、鉴定技术评估、实验步骤、检测仪器校准和维护、鉴定报告的审核和鉴定机构资质测试等方面对保证 DNA 证据的可靠性等进行技术规范[②]。2011 年西南政法大学魏丹撰写硕士论文《论 DNA 鉴定的程序规范》,对 DNA 检体的采集和保管、DNA 的实验室鉴定程序、DNA 鉴定结论审查判断存在的缺陷等问题进行了论述。

1.2.2 国外研究现状

1.2.2.1 刑事 DNA 证据与基本人权保障

西方国家对刑事 DNA 证据与公民的人身自由权、身体不受侵犯权、公民的资讯隐私权及反对强迫自证己罪特权的关系进行了大量的论述。如为了对个人进行 DNA 检材的采样,除了经逮捕或羁押的被追诉人其身体自由已被公权力限制外,对于其他未受逮捕或羁押的被追诉人而言,在采集 DNA 样本过程中会采取限制人身自由的强制措施。例如传唤被追诉人于特定时间到侦查机关或医院采集其唾液或血液样本,均会对被追诉人的人身自由造成某种程度的限制。在刑事诉讼过程中,为个体身份识别的目的,不论是从被追诉人体内采集血液样本,还是从被追诉人口腔内或体表采集口腔脱落细胞、毛发等,其采样过程均可能涉及对被追诉人的身体完整性和人身自由权的侵害,因此,基于对被追诉人权利的保障,我国立法需要进行明确的法律规范。

1.2.2.2 刑事 DNA 样本采样规范研究

(1)英美法系国家刑事 DNA 样本采样规范研究。以美国为例,在 1914

---

①参见邱格屏:《走出 DNA 证据的误区——对 DNA 证据"不可质疑性"的质疑》,载《福建公安高等专科学校学报——社会公共安全研究》,2001 年第 5 期。

②参见赵兴春,刘健,姜成涛等:《法庭 DNA 鉴定实验室质量保证标准》,载《公安大学学报(自然科学版)》,2001 年第 3 期。

年威克斯诉合众国案中,美国联邦最高法院首次宣布违法搜查扣押的证据应被排除[1]。美国将DNA样本采样界定为搜查,因此必须受联邦宪法第四修正案的规制。DNA样本采样可分为两个层面:第一个层面是对于犯罪现场的采样,这部分在美国法上没有疑虑。第二个层面是对被追诉人进行的采样。这种DNA样本的采集基本上是通过抽取血液或以其他方法采集被追诉人的身体细胞来完成,对这一行为在美国法上是否合法的讨论是从检测驾驶员的血液酒精浓度的采血行为开始的。

(2)大陆法系国家刑事DNA样本采样规范研究。德国《刑事诉讼法》以检查对象是否为被追诉人,对侵犯性身体检查的要件和程序进行了分类。例如对被追诉人进行身体检查的要件和程序为:①为确定诉讼上重要事实而有必要。②原则上须得到被追诉人的同意,除非采集血液样本和其他由医生依据医疗规则以检查为目的的行为,对被追诉人的健康无不利影响者。③取自被追诉人的血液样本或其他身体细胞,限于以其为基础的诉讼程序才可以进行。当不再需要时,即应毁弃。

1.2.2.3 刑事DNA证据的证据能力和证明力问题

目前在美国文献论述中,认为刑事DNA证据可采性的判断标准有两个:第一是佛莱伊(Frye)法则,第二是道伯特(Daubert)法则。佛莱伊法则是指为了使新的科学证据在法庭上被法官采纳,其首要条件是在科学领域得到科学家的普遍认同。法官会以专家证人的证词是否符合佛莱伊法则为判断标准,如果不符合该法则,该专家证言应被排除。目前,佛莱伊法则已成为美国联邦及州法院评估专家证言是否具有可采性的依据。佛莱伊法则本身建立了两项基本原则,其适用顺序为:首先,确认专家学者意见是否属于科学技术的领域和范围。其次,再核对该意见涉及的科学技术是否已广泛地被同领域的团体、专家学者所接受或认同。随着时光的流逝,佛莱伊法则成为美国"几乎所有法院"的法律。但佛莱伊法则也遭到了广泛的批评,主要

---

①参见尹腊梅:《美国非法证据排除规则的确立、发展及趋势》,载徐静村主编:《刑事诉讼前沿研究(第五卷)》,北京:中国检察出版社,2006年版,第307页。

原因在于对该法则的严格适用妨碍了基于新兴科学和跨学科研究成果的科学证据的使用[①]。在科学领域，流行的主流范例被随后的证明先前结果为伪的研究所推翻是经常发生的事。因此，即使某科学理论符合佛莱伊法则中的普遍接受原则的要求，所得的数据也可能会表明该理论缺乏经验有效性。因此，依赖表象可能会导致采纳"垃圾"或者站不住脚的科学。

1993年道伯特诉梅里尔·道药品公司案中，美国联邦最高法院通过对制定法的解释得出结论，认为《联邦证据规则》第702条根本就没有将"普遍接受"确立为科学证据可采性的一个绝对前提条件。但美国联邦最高法院在该案中指出佛莱伊法则被《联邦证据规则》所取代，并不意味着这些规则本身对于科学证据的可采性没有任何限制，也不意味着法官不能对这类证据进行审查。相反，根据《联邦证据规则》的规定，法官必须确保所采纳的所有科学证据既具有相关性，又具有可靠性。道伯特法则是指可疑的科学证据被提出于法庭时，法官担任守门员的角色，应当阻止其进入法庭作为判断的依据。现在该科学证据的范围延伸至所有的专家证言或陈述。这种灵活的判断标准应由法官去掌握，其结果是许可或拒绝专家证言进入法庭，从而避免对被告人的诉讼防御权造成不利影响。1993年6月28日，美国联邦最高法院在对道伯特案件的判决中明确提出以下判断标准：第一，该科学理论是否可以通过实验来验证；第二，该专家所提的证据是否曾提供给其他同行验证过；第三，应参考已知的科学误差；第四，是否被相关专业领域的专家所认同。该法则对证据的可采性、可信性和相关性进行了审查，且确认法官是上述审查的决定者[②]。总的来看，道伯特法则、证据规则以及对抗制都是被用来过滤科学知识的，以防止无根据的、未经检验的或者纯粹臆测的研究进入并污染法律决策过程。

[①]参见[美]罗纳德·J.艾伦，理查德·B.库恩斯，埃莉诺·斯威夫特著：《证据法：文本、问题和案例（第三版）》，张保生、王进喜、赵滢译，北京：高等教育出版社，2011年版，第727-728页。

[②]参见刘晓丹著：《论科学证据》，北京：中国检察出版社，2010年版，第61页。

1.2.2.4 刑事DNA证据的审查判断问题

在域外法治国家,法官对于以刑事DNA证据为代表的科学证据的审查和判断通常从以下两个方面进行:第一,刑事DNA证据的证据能力问题;第二,刑事DNA证据的证明力问题。只有先解决证据资格问题后,才需再由法官去判断证据的证明力大小。在美国,刑事DNA证据通常以专家证言的形式提交于法庭,法官通常需要审查DNA样本采样的合法性,如是否取得法官的司法令状等。再审查专家证人是否具有相应的专业知识、能力、实验条件等以及出具专家证言的证人是否出庭接受质证。以德国为代表的大陆法系国家,刑事DNA证据通常以鉴定意见书的形式提交于法庭,所以对于刑事DNA鉴定意见书的审查就相当重要,需对鉴定人是否具有相应的资质,DNA鉴定实验室是否获得国家的认可,鉴定意见书的法律形式是否完备,鉴定人是否出庭作证等方面进行审查。

1.3 研究意义

1.3.1 刑事DNA证据研究的理论意义

为了准确界定刑事DNA证据的内涵,本书所探讨的刑事DNA证据包括刑事DNA样本证据和刑事DNA鉴定意见证据。刑事DNA证据是非常重要的法定证据种类之一,包含在鉴定意见和物证等法定证据之中。对刑事DNA证据进行系统的研究对于完善我国的证据制度具有重要理论意义。因此,本书力求系统、深入地研究刑事DNA证据的理论基础、功能价值以及反思我国刑事诉讼实践中存在的问题,并在此基础上提出解决问题的方法。本书对刑事DNA样本采样、分析与基本人权保障、刑事DNA样本采样和分析的法律规制问题进行了系统的研究,并提出了相应的立法完善建议。同时笔者也系统研究了刑事DNA证据制度的核心问题,即刑事DNA证据的证据资格和证明价值问题。

第一,刑事DNA证据与基本人权保障。从刑事证据法定分类的角度来说,刑事DNA证据不仅表现为鉴定意见,同时,其还表现为物证,即DNA样本。从DNA样本的发现、采集到样本中DNA分子的提取、检测分析再到DNA鉴定意见提交于法庭,在此过程中,涉及一系列基本人权的保障问题。如对被追诉人的强制采样涉嫌侵犯其人身权、人身自由权、反对强迫自证其罪特权等一系列基本人权。实现惩罚犯罪和保障人权的平衡是刑事诉讼立法的永恒价值追求,所以,刑事DNA证据与基本人权保障问题的研究为探讨刑事DNA样本采样和刑事DNA检测分析等问题的法定程序规制提供了法理依据。

第二,刑事DNA样本采样、分析的程序规制。刑事DNA样本采样可能会侵犯被追诉人或第三人的人身权、人身自由权等基本人权,刑事DNA检测分析可能会侵犯其隐私权。我国刑事诉讼立法关于刑事DNA样本采样、分析的程序规制近乎空白,出现侦查机关为了实现惩罚犯罪的目的,而不惜牺牲被追诉人或第三人的基本人权的情况。因此,立法应以程序法定原则为指导,对侦查机关的强制采样权、检测分析权等进行适当限制,以达到对被追诉人、被害人、第三人等的基本人权加以保护的目的。

第三,刑事DNA证据的证据资格和证明价值。证据资格和证明价值是证据法学研究的核心问题。对于刑事DNA证据的证据资格和证明价值的研究是本书研究的核心问题之一。可靠性是刑事DNA证据具有证据资格的基础,也是法官判断刑事DNA证据证明价值大小的主要依据。对刑事DNA证据合法性的审查是法官判断其证据资格的主要标准。

1.3.2 刑事DNA证据研究的实践意义

对刑事DNA证据问题进行研究,对刑事DNA证据与基本人权保障、刑事DNA样本采样程序的规范以及刑事DNA证据的证据资格和证明价值等问题的深入系统的探讨,对于完善我国刑事证据制度具有重要的实践意义。通过对上述问题的研究,提出一系列法官、检察官、律师等法律工作者审查判断刑事DNA证据的思路和方法,可以进一步促进我国法官采纳刑事

DNA证据的规范化。同时,也为辩护人承接涉及DNA证据的刑事案件时,提供了审查控方提交的刑事DNA证据的方法和策略。例如可以聘请具有DNA知识的专家来协助辩护人审查控方提交的刑事DNA证据。

第一,审查刑事DNA样本的来源、提取方法和保存方法是否合法、科学。刑事DNA样本是刑事DNA鉴定意见的物质基础。法律工作者在审查刑事DNA鉴定意见报告时不能仅看鉴定结论,而要从形成该鉴定结论的样本开始逐一审查核对。应先审查该样本在侦查机关的勘验检查笔录、录像资料等中是否有相应的记载,并与之匹配。再审查DNA样本的提取和保存方法是否科学,是否存在被人为污染的可能性,如在提取过程中是否佩戴一次性手套;是否不同样本分别包装,防止交叉污染;提取人与现场勘验检查笔录等是否一致。

第二,审查刑事DNA检测分析过程是否合法、科学。刑事DNA的检测分析过程必须法定化、程序化、标准化。法律工作者应审查刑事DNA鉴定意见报告中检测分析过程的描述是否合法、科学。如DNA检测分析机构和人员是否具有相应资质,检测分析DNA的方法是否可靠并为学界一致认可,检测分析的DNA-STR位点数是否达到个体身份识别或亲子鉴定的要求等。

第三,审查刑事DNA证据的证据资格和证明价值。刑事DNA证据的证据资格要从DNA样本的来源是否客观、合法进行审查。如果侦查机关采取违反法定程序的方法强制采集被追诉人的DNA样本,并以此DNA样本为基础所得出的DNA鉴定意见的合法性将受到质疑。审查DNA样本的提取、包装、保存、送检、检测分析过程是否有现场勘验检查笔录和检测分析过程记录的一一印证并形成完整的证据链,以保证提取和检测样本的客观性和同一性。对于刑事DNA证据的证明价值,法律工作者要着重审查DNA检测机构和人员是否具有相应的资质,是否通过每年司法部组织的能力验证测试,实验室是否存在质量控制体系并通过实验室认证认可等可能影响刑事DNA检测结果可靠性的因素。

1.4 研究思路与方法

1.4.1 研究思路

本书以刑事DNA证据的基本理论为研究的起点。在此基础上,笔者以刑事DNA证据涉及的基本人权保障、刑事DNA样本采样和分析程序的法律规范、刑事DNA证据的证据资格和证明价值等为核心,以提出问题、分析问题、解决问题的方式进行论证。从问题出发,笔者将刑事DNA证据应用过程中存在的问题一一提炼出来,以程序公正和被追诉人权利保障为核心,对刑事DNA证据应用中出现的问题进行分析论证,并提出相应的建议。

1.4.2 研究方法

第一,文献研究法。对有关的学术专著、期刊论文及报纸、网络观点等相关资料进行广泛搜集,加以援用、整理、分析,旁征博引,求证取舍,深入探讨刑事DNA证据的理论基础和理论架构,借以建立本书的基本观点和基本框架。

第二,历史研究法。通过对刑事DNA证据的发展过程进行分析,探求刑事DNA证据的起源,阐明刑事DNA证据的现状及发展趋势,同时对我国现阶段刑事诉讼中刑事DNA证据的运用中存在的问题进行深度剖析,为我国现行刑事DNA证据制度的改革提供文化积淀,从而为构建中国的刑事DNA证据制度提供文化支持。

第三,比较研究法。比较研究是发现事物本质的一条重要途径。对比刑事DNA证据的不同理论观点和主张,以及各国关于刑事DNA证据应用司法实践的差异,分析其缘由,弄清利弊得失,总结基本规律,在此基础上进一步完善我国刑事DNA证据制度的相关规定。有比较才有鉴别,通过比较使问题变得更加鲜明、突出,从而增强论证的说服力。

第四,跨学科研究法。由于刑事DNA证据涉及分子生物学、遗传学、统计学、法学等多学科的专业知识,对其分析研究必须以这些学科为讨论基础和背景。本书力图以较为通俗易懂的方式来解释刑事DNA证据中所涉及的分子生物学、遗传学和统计学等问题,以及这些问题与刑事DNA证据之证据资格和证明价值之间的关系,使读者可以更科学合理地理解DNA证据审查判断的科学基础。

2 刑事DNA证据概述

案件事实发现者对于科学证据的信任,源自对专家证人权威的信赖。据美国1973年一项对法官和陪审团的调查显示,在1363名受访者中,70%的人认为陪审团对科学证据的信任大于其他证据,75%的人认为法官对科学证据有着相同的反应。法庭科学在案件事实发现过程中的巨大成功,一时间使得科学证据似乎成为"证据之王",具有极大的证明价值和相关性。然而,2009年美国科学院发布的《美国法庭科学的加强之路》对十余种常用于证明案件事实的法庭科学进行了深入分析,指出所有的法庭科学,除了DNA检测之外,普遍缺乏科学有效性。

刑事审判与事实认定方式的发展与人类文明的进步息息相关。当今社会是科学社会,人们不仅认为科学知识具有理性、客观性、逻辑性等特性,而且最具有可靠性与可信性。在刑事诉讼中,法官认定案件事实的依据是已为科学知识法则验证的日常生活知识和经验。为摆脱对自白的过度依赖,同时加上科学知识的可信性,法律亦将法官未具备的科学知识作为发现案件事实的利器加以重用。这种发展趋势,不仅仅体现于刑事侦查,在刑事审判中,科学证据亦发挥着基础性的重要作用。

在司法实践中,刑事DNA证据系最常见的科学证据之一,但其适用于刑事诉讼亦并非一蹴而就。刑事DNA证据被应用于法庭科学最早发生在二十世纪八十年代初。1985年,英国遗传学家杰弗里斯发明了"DNA指纹图谱"检测技术,并首次将这一技术应用于英国的一个移民案件。直到1987年,这一技术才被真正应用于刑事案件,并取得了社会大众的广泛好评。1985年,美国学者莫里斯(Morris)发明了聚合酶链式反应(Polymerase Chain Reaction,简称PCR)扩增技术,它可以在数小时内将特定的DNA片段扩增数百万倍,PCR扩增技术使DNA证据的应用迅速在全球范围内普及。这两项技术发明使DNA鉴定技术发生了根本的革命性变化,将长期以来只能解决种属认定问题的血型、血清型和酶型鉴定,提升到了可以检测微量血痕并实现同一性认定的个体化水平。刑事DNA证据出现之前的血型、血清型或酶型鉴定只能起到排除犯罪嫌疑的作用,而无法确定真正的犯罪人。刑事DNA证据则解决了这一难题,即通过对DNA的检测和分析锁定被追诉人,这是其他任何证据都无法做到的。

刑事DNA证据具有如此强大的功能,那么,什么是刑事DNA证据呢?要了解刑事DNA证据必须首先了解什么是DNA。笔者将首先对DNA的分子结构和生物学特性进行详细介绍。

2.1　DNA简介

脱氧核糖核酸(DNA)是绝大多数生物体的遗传物质,而这些遗传物质是可以代代相传的。早在1884年左右,科学家已利用显微镜发现生物细胞核内的细长线状物即染色体,直到1902年,生物学家沃尔特·萨顿才将染色体与孟德尔所提出的遗传因子联系起来。1928年,英国学者弗雷德里克·格里菲斯在细菌转换实验中首次发现DNA是生物体的基本遗传物质[①]。基因与DNA不同,基因偏重于特定性状的表现,是遗传学上的概念,DNA偏重于其分子结构与化学功能。

---

①参见吕德坚,陆惠玲编著:《DNA亲权鉴定》,广州:暨南大学出版社,2005年版,第11页。

人类细胞中所含的大部分DNA是难以区分的,这就是为什么几乎所有人都有两只眼睛和两条腿。如果将这种具有共性的DNA片段作为从犯罪现场提取的DNA样本与犯罪嫌疑人的DNA样本进行比对分析的依据,从而识别犯罪分子的身份,那么这样的证据就是无效的。因为所有人都具有这种共同特征,所以它不能作为判定被追诉人留下任何蛛丝马迹的物质基础。

在刑事侦查实践中应用的人类DNA和其他生物体DNA通常存在于细胞核内,这些线性DNA分子经过组装构成46条染色体,但生物细胞中也有部分DNA分子分布于线粒体中,被称为线粒体DNA,线粒体DNA是承载线粒体遗传密码的物质。DNA是一种大分子聚合物,DNA分子本身具有进行自我复制及形成互补核糖核酸(RNA)的功能,因为在繁殖过程中,父代和母代把它们自己DNA的一部分复制传递给子代,使生物体的遗传性状得以在新生体中体现,从而完成性状的传递,这种现象就是人们常说的遗传。子代受精卵一旦形成,其DNA分子具有三个重要特性:第一,人各不相同。除同卵双生外,世界上不同个体的DNA分子结构是存在差异的。有性生殖的染色体在减数分裂过程中经常发生基因重组,因此,每个细胞几乎拥有独一无二的基因组合。生殖细胞染色体的基因组合种类,若以每个染色体只有一个基因参与重组计算,则生殖细胞的23条染色体将有$2^{23}=8\,388\,608$种组合。因此,想要在子代中找到相同基因序列的个体,除同卵双生之外,几乎是不可能的。第二,终生不变。所有个体的DNA分子结构终生不会发生改变,该特性更使DNA成为个人身份识别的绝佳武器。由于DNA是一种隐性信息,必须通过DNA检测分析的仪器设备才能得出有用信息。第三,同一人体内不同组织细胞核中的DNA结构相同。除线粒体DNA外,同一个体任何部位的细胞核DNA结构完全相同[①]。正是由于这一特性,使得DNA证据成为刑事侦查的利器。只要是被追诉人遗留下的任意生物物证,技术人员均可从其细胞中提取到DNA样本用于检测分析。而司法实践中的犯罪者也难免在犯罪现场留下DNA样本。这三种细胞核DNA的特性决定了DNA证据的证明价值是其他大多数生物证据都无法比拟的。

[①]参见李文著:《司法物证鉴定学》,北京:法律出版社,2011年版,第233页。

案例2-1：

据美国广播公司报道，美国密苏里州的雷蒙·米勒和理查德·米勒是一对双胞胎兄弟，某年的某一天，这对双胞胎兄弟与一名叫霍莉的妇女发生了性关系。后来，霍莉发现自己怀孕了，当孩子降生后，雷蒙与理查德俩人互相推诿，他们谁也不愿承认自己是孩子的爸爸，都不肯掏抚养费。于是，这对双胞胎兄弟闹上法庭。霍莉称雷蒙·米勒是孩子的亲生父亲，雷蒙却不这么认为并要求进行亲子鉴定。但这时万能的DNA测试在雷蒙与理查德双胞胎兄弟面前失去了效用。DNA检验结果提示：雷蒙与理查德是孩子亲生父亲的可能性均为99.9%。不知道到底谁是孩子的父亲，谁是孩子的叔叔[①]。

人体每一个细胞内的所有DNA被称为基因组。人类基因组由22对配对常染色体和两条性染色体组成，因此，一般人类细胞中包括46条不同的染色体或23对染色体。男性染色体标记为XY，因为它们包含有一条X染色体和一条Y染色体；而女性则包括两条X染色体，所以性别标记为XX。从设计或内容来看，基因组类似一部百科全书，和所有编纂严谨的百科全书一样，人类基因组都能一再地被拆解为一册册的书卷、一篇篇的文章、一串串的句子以及一个个的单字。人类基因组的样式非常丰富，但是寿命却十分短暂。每当一个胎儿从母体中受孕开始，便代表了一个独一无二的人类基因组装订、发行到世上来[②]。1990年，一项与美国国家航空航天局阿波罗航天计划相媲美的分子生物学研究启动了，这就是著名的人类基因组计划（Human Genome Project，简称HGP）。HGP的目标在于测定组成人类染色体中包含的30亿个碱基对所构成的DNA碱基序列，从而描述、绘制出人这一生物体的基因组图谱，并且识别其载有的基因片段及其DNA序列，从而最终完成破解人类遗传信息的宏伟目标。

---

①参见李文著：《司法物证鉴定学》，北京：法律出版社，2011年版，第244页。

②参见［美］罗伯特·波拉克著：《解读基因——来自DNA的信息》，杨玉龄译，北京：中国青年出版社，2000年版，第29-36页。

2.1.1　DNA的分子结构

1953年,美国学者沃特森(J.Watson)和英国学者克里克(F.H.C.Crick)发现DNA具有独特的双螺旋结构(Double Helix)[1],这种特殊结构是DNA分子复制、转录等重要生理功能的分子生物学基础。DNA的基本结构单位是脱氧核苷酸,由碱基、脱氧核糖和磷酸构成。DNA分子中的含氮碱基分为嘌呤(Purine)碱和嘧啶(Pyrimidine)碱两种,DNA分子中嘌呤碱主要有腺嘌呤(Adenine,A)和鸟嘌呤(Guanine,G);嘧啶碱主要有胞嘧啶(Cytosine,C)和胸腺嘧啶(Thymin,T)。对各种生物体DNA的碱基组成进行定量分析证明,DNA分子中A和T的克分子含量相等,G和C的克分子含量相等,因此,嘌呤总量和嘧啶总量相等,即A+G=T+C。

2.1.2　DNA分子的理化性质

DNA溶液具有较大的黏性。通常高分子溶液的黏性与溶质分子的不对称有关,分子不对称性越明显,溶液的黏度越大。线性DNA分子的长度和直径比例可达10^7,所以极稀的DNA溶液黏性也十分明显。DNA分子既含有带负电荷的磷酸基团,也具有带正电荷的含氮碱基,因此DNA与蛋白质一样,具有两性电解质的性质。DNA分子的等电点较低,在中性或弱碱性溶液中,DNA分子带负电,在电场的作用下向正极移动。利用DNA分子的带电性质,用凝胶电泳技术可将分子量大小不同的DNA分子分离。若电泳介质为变性凝胶,则DNA电泳迁移率与其分子量对数成反比。DNA分子的这一特性,也是刑事DNA样本鉴定分型技术的理化基础。DNA分子中的碱基都含有共轭双键,具有强烈吸收紫外线的性质,最大紫外线吸收波长为260nm,利用这一特征,可以对DNA样品进行定量分析。

---

[1]参见王彦广,吕萍编著:《化学与人类文明》(第三版),杭州:浙江大学出版社,2016年版,第89页。

2.1.3 DNA分子的复制

DNA虽然是遗传信息的携带者,但在自然界中,蛋白质是生命的物质基础,生物体的各种结构和功能都通过蛋白质来实现。因此,DNA除了通过自身复制将遗传信息传递给下一代细胞外,还必须将遗传信息传递给蛋白质,通过蛋白质这一生命物质基础的功能来表达其遗传信息。

复制是以原来的DNA分子为模板合成出相同分子的过程。DNA的复制为半保留复制。复制时,双螺旋结构互补链间的氢键断裂,两条链解开并分为两股单链,各自作为模板,按照碱基互补原则分别指导游离的核苷酸形成新的互补链,新合成的两条链与其模板链是互补的。由于亲代双螺旋结构的每个互补链在此过程中均保留下来了,故称为半保留复制。通过半保留复制,细胞分裂后,子代细胞中出现的DNA双链,其中一股单链是亲代的,另一股则是与模板链互补的新合成的,子代细胞的DNA碱基序列与亲代相同。这样遗传信息就精确地从亲代传给了子代①。

2.2 刑事DNA分型常见遗传标记及命名

2.2.1 刑事DNA分型常见遗传标记

为保证刑事DNA分型标记在司法体系中的有效性,应使用通用的标准遗传标记。现今通用的短串联重复序列(STR)基因座最初是由贝勒医学院的托马斯·卡基教授的实验室和英国法庭科学机构描述和发展的。最早的复合STR扩增系统之一是英国法庭科学服务部(FSS)建立的TH01、FES/FPS、vWA、F13A1四复合系统,其匹配概率接近万分之一。FSS接着发展了第二代复合扩增系统,包括6个多态性STR位点(TH01、vWA、FGA、D8S1179、D18S51、D21S11)和一个性别位点,其匹配概率接近五千万分之

---

① 参见吕德坚,陆惠玲编著:《DNA亲权鉴定》,广州:暨南大学出版社,2005年版,第14页。

一。自 1996 年开始,美国联邦调查局(FBI)实验室发起倡议,要求法庭科学协会成员共同努力构建 DNA 联合索引系统(CODIS)国家 DNA 数据库的核心 STR 基因座,并于 1997 年确定了 13 个核心 STR 基因座作为 CODIS 国家 DNA 数据库的基础,包括 CSF1PO、FGA、TH01、TPOX、vWA、D3S1358、D5S818、D7S820、D8S1179、D13S317、D16S539、D18S51 和 D21S11,联合检测上述 13 个 STR 基因位点,无关个体的平均随机匹配概率大于万亿分之一[①]。

我国目前尚未建立国家级标准的 DNA-STR 检测位点,大部分的 DNA 实验室检测分析使用的 STR 试剂盒多为进口产品。也有部分高校、科研院所和试剂公司研制开发了符合中国人群基因规律的 STR 复合扩增试剂盒,但这些机构开发的 STR 检测位点存在较大差异,无法达到标准化统一适用。笔者认为,国家应筛选出符合中国人群基因分布特点的 STR 标准化位点,使不同刑事 DNA 实验室的检测位点统一化,这不仅可以实现各实验室间信息的共享,也有利于节约鉴定成本。

2.2.2　DNA 遗传标记的命名

对 DNA 遗传标记的命名相对比较简单,如果遗传标记是某基因的一个组成部分或者位于某基因的内部,就用该基因的名字进行命名。比如 STR 遗传标记 TH01 是位于 11 号染色体上的酪氨酸羟化酶基因,TH01 中的"01"则意味着所涉及的重复区定位于酪氨酸羟化酶基因的第 1 个内含子。对于编码区外的 DNA 遗传标记,以它们所在染色体位置命名。以 D16S539 位点为例,"D"代表 DNA,"D"后的数字代表染色体的编号,"16"指 16 号染色体,"S"指 DNA 标记为单拷贝序列,最后的数字"539"代表特定染色体上该标记发现和分类的顺序。用有序数目来命名每个 DNA 遗传标记,使之独一无二,不会重复。

---

①参见[美]John M. Butler 著:《法医 DNA 分型:STR 遗传标记的生物学、方法学及遗传学》,侯一平、刘雅诚主译,北京:科学出版社,2007 年版,第 67 页。

2.3 犯罪现场DNA证据

所有法庭科学领域中使用的方法都应遵循两个原则:洛卡德定律和个体唯一性原则。法国的法庭科学工作者、指纹专家爱德蒙·洛卡德(Edmond Locard)创建了洛卡德定律。洛卡德定律表示任何接触都会留下痕迹,只要两个物体有过接触,它们就一定会以某种方式互相影响。借助该定律,我们就能有理由认为从死者的指甲里找到的皮肤碎屑和血迹,应该是罪犯所遗留的[①]。因此,犯罪行为一旦发生,作案人必然会在犯罪现场留下和带走某些痕迹和物证。例如,案发现场遗留的血迹、尸体、精斑、毛发、毒物、呕吐物等,这些都是破案的重要DNA样本证据。

有国外DNA实验室在百例案件中从扶手、电线、纸张(手工折叠)、棒球帽(边缘)、瓶盖、打火机、安全带扣、手套、铁锤(前端和手柄)、汽车安全气囊、苹果核、咬痕、信封、玩具枪、钥匙、鞋带、螺丝刀、电话听筒、牙刷、餐具、烟蒂、梳子、袜子、头巾、匕首、隐形眼镜、埋藏的遗骸、焚烧的遗骸、尿液、头发、眼镜边缘、点火开关、信用卡、门铃、门拉手、注射器、硬币、方向盘、香肠、口香糖、唇膏、易拉罐、唾液、眼泪等载体上成功提取了DNA证据[②]。这些物体均是人们在日常生活中经常使用或接触的物品,可以说DNA样本证据无处不在,即凡是与人体发生接触的部位均有可能遗留DNA样本证据。

不同种类的DNA证据都可用于关联或排除某涉案人员,尤其当DNA样本从某一个体向另一个体或某一物体表面直接转移时,可以直接将被追诉人与犯罪现场联系起来。这种物质转移方式通常包括以下几种:①被追诉人的DNA样本遗留在被害人的身体或衣物上;②被追诉人的DNA样本遗留在某一物体上;③被追诉人的DNA样本遗留在某一场所中;④被害人的DNA样本遗留在犯罪嫌疑人的身体或衣物上;⑤被害人的DNA样本遗留在

①参见[美]伯纳德·罗伯逊,G.A.维尼奥著《证据解释——庭审过程中科学证据的评价》,王元凤译,北京:中国政法大学出版社,2015年版,第2页。

②参见[美]John M.Butler著《法医DNA分型专论:方法学》,侯一平、李成涛主译,北京:科学出版社,2013年版,第5页。

某一物体上;⑥被害人的DNA样本遗留在某一场所中;⑦第三人的DNA样本遗留在被害人或被追诉人身上;⑧第三人的DNA样本遗留在某一物体或场所中。

犯罪现场有可能遗留哪些常见类型的DNA样本证据呢?在刑事司法实践中,常见的DNA证据来源基本上包括:血液(血痕)、精液(精斑)、唾液(唾液斑)、口腔黏膜脱落细胞、骨组织、牙齿、毛发和指(趾)甲等。

2.3.1 血液

血液是常见的DNA样本证据来源,但血液中仅白细胞含有DNA,白细胞正常计数值为400万/ml至1000万/ml。1ml血液大约可提取0.024mg至0.06mgDNA。血液在人体外干燥后所形成的斑迹被称为血痕。凡是在故意杀人、聚众斗殴、抢劫(夺)和灾害事故等案发现场,在致伤物、被害人身上以及被追诉人的外套、鞋帽上等发现的疑似血痕生物物证均要求进行DNA鉴定分析。血液一旦离开人体,就受到阳光、雨淋、霉菌和寄生虫等外界因素的不利影响。血液中所含DNA分子的降解非常迅速,血液受外界因素影响的时间越长,DNA分子被破坏的程度就会越严重,DNA分子破坏会增加DNA检测分析的难度和准确性。

2.3.2 精液

正常人精液中精子数约为6000万/ml至2亿/ml,所以精液中的DNA量相对较多。1ml精液大约可提取0.36mg至1.2mgDNA。在强奸案现场,经常会发现遗留的精液样本,而亲属关系鉴定中,以精液为检材的很少,但有些当事人出于保密的原因,也有送精液来检验的。典型的射精产生2ml～5ml精液,主要由精浆和精子细胞组成。精液中除精子细胞外,还有睾丸细胞、白细胞等有核细胞,这些有核细胞中均含有DNA样本。

案例2-2:

2000年春,17岁少女王某应朋友陈某之邀去某度假山庄游玩,游玩过程中,王某喝下陈某递过来的饮料,不多时,即感到头晕,迷糊之中被送去客房休息。一觉醒来后,王某发现自己衣冠不整,似已被人强奸,但陈某对此一概否认。王某只好向公安机关报案,并将当时自己正在使用的卫生巾作为证据提交。鉴定机构提取被害人王某血液和犯罪嫌疑人陈某的血液作为对照,进行DNA检验,结果斑迹中的DNA基因型完全与被追诉人陈某的基因型吻合,偶合率低于1×10^{-9}。DNA检测结果显示被害人王某体内遗留的精斑系陈某所遗留,说明陈某与王某发生了性行为[①]。

2.3.3　唾液和口腔脱落细胞

唾液由人体三大唾液腺分泌。案件现场常能提取到唾液斑,强制采样也常提取犯罪嫌疑人的唾液制成唾液斑对比样本。在亲子鉴定中,对于一些婴幼儿采血比较困难或是因为疾病不能采血时,可以提取其口腔黏膜细胞作为DNA样本证据来源。唾液是人或动物口腔内唾液腺分泌的无色且稀薄的液体,唾液斑是唾液干燥后形成的斑痕。唾液中含有口腔黏膜脱落细胞,是刑事案件侦查中常见的生物性物证。刑事DNA证据除在性侵害案件调查中扮演重要角色之外,在其他犯罪侦查中也发挥重要作用。如1996年,为抗议美国政府援助以色列而发生的纽约世贸大厦爆炸案,检察官在起诉时,即以犯罪嫌疑人邮寄给《纽约时报》的一封信件中检验出的犯罪嫌疑人以唾液粘封信件的DNA样本为证据而得以成功破案。

现场采集唾液检材的目的主要是进行DNA鉴定以判定犯罪嫌疑人的DNA分型,从而确定嫌犯的真实身份。约翰·W·邦德在2008年发表的论文中,统计2006年1月至12月英国北安普敦郡地区警方采集物证种类数据,其统计数据显示,唾液类物证(烟蒂、唾液与口香糖)占全部证据数量的66.8%,现场采集物证中,有超过60%都属于唾液类物证,血液仅占17.4%。再看DNA检出率,血液类物证高达92.8%可以顺利检出DNA型别,而唾液类物证

---

①参见程大霖,李莉主编:《个体识别和亲子鉴定理论与实践——典型案例分析》,北京:中国检察出版社,2001年版,第69页。

除了烟蒂为82.7%以外,其余检出率均不到50%。肯纳等学者在2011年针对3位不同个体,在每天相同的3个时段采集唾液,并检测DNA浓度,连续4天的数据显示唾液中DNA含量变化并无一定的规律。同一个体不同天相同时间所测得的DNA浓度差异最高可达约3倍,提示个体唾液DNA浓度并非一稳定的数值。

案例2-3:

吉姆•彭是居住在加利福尼亚州奥兰治县的一个中国台湾人,1993年8月18日,他到他所包养的情妇詹妮佛•纪的家里去看望她和他们所生的儿子凯文,现场的情景使他大吃一惊。纪的尸体躺在靠近沙发的一滩已干涸的血泊里,他们的儿子已在摇篮里被闷死了。警察赶到时,彭交出一颗在地上找到的纽扣,看上去那是从女士裙子上脱落下来的一颗扣子,但它不是詹妮佛•纪的。粗粗一看,这似乎是一桩强奸杀人案,纪的内裤已被扒下,而且她至少被刺了18刀。从纪的阴道内提取的液体中没有检出精液,但这样还是不能排除强奸未遂,对这种观点的支持,来自她左臂上的一处圆形伤痕,那是一处咬痕,警察对伤口也用拭子采了样。彭是自然而然的嫌疑人,但他似乎是清白的,接着刑警们获悉,彭的妻子莉莎•彭已从中国台湾来到美国,现正在探望他,于是警方去查访了这对夫妻,莉莎•彭同意警方可搜查少了一颗纽扣的裙子,但他们一无所获。窘迫中,吉姆•彭作了解释,一年前的某个时候,他的妻子出人意料不宣而来,发现纪与他在同居,狂怒之下,她撕毁了第三者的衣物,面对莉莎•彭具有性格暴躁的证据,警方认为他们有了纪氏谋杀案的主疑犯,一位齿科专家做成了一副莉莎•彭牙齿的蜡模,结果与纪的手臂上咬痕照片符合,但这本身还不足以实施一项逮捕。同时,咬伤处的样本已被提交进行PCR检测分析,并检验出每100人中有20人所共有的一种基因位点。莉莎•彭已经返回了台湾,离开前没留下用作比较的血样,然而,其中一位法庭专家记起来那副蜡齿印,指望上面留有足够的唾液。确实如此,它也确定了同样的基因座位,但每100人中有20人的概率仍然不够精确。第二次PCR测试确定了一种不同的基因位点,这也使咬痕处的唾液与蜡齿印模里的唾液相符,而且还表明其概率仅为1/200,把两种概率合并起来后得到的结果是千分之一。伤口处的唾液斑分析化验员们提供了足够的DNA,以便施行更为精确的限制性片段长度多态性(简称RFLP)技术检测,彭被告知,要排除他妻子嫌疑的唯一办法是提供她的血样,对DNA一无所知的莉莎同意从台湾回到奥兰治县。第一轮的RFLP化验花了将近一星期时间才完成,但由于莉莎认为她没在现场流过血,所以她仍停留在美国。检测的结果是相符,于是她于1994年1月7日被捕,并被控谋杀[①]。

2.3.4 骨组织

骨由骨膜、骨组织和骨髓构成。骨组织具有特殊的形态结构,具有较强的抗腐败能力,可以长期保存,即使白骨化,对骨残骸碎片也可以提取其中的DNA进行分析检测。骨主要由骨质构成,外面包着骨膜,骨腔内包含骨髓。骨质是骨的主要部分,分为骨密质和骨松质。由于骨松质中富含大量血管和造血细胞等,所以其为DNA证据的重要来源。在火灾、焚尸、爆炸等刑事案件中,骨组织DNA的检测在个人身份识别和亲子鉴定中的价值越来越得到刑事技术人员的重视。有研究显示,焚烧的温度和时间对刑事DNA-STR位点检出率的影响巨大[②]。

案例2-4:

2005年2月,有人在上海某绿化带内发现一无头颅的尸体(此案于2005年3月侦破)。2006年1月某日,某公司员工在此处挖出一颗头颅,已白骨化,无法识别身份。刑侦人员经过调查后怀疑该头颅是2005年2月碎尸案死者的头颅,于是利用DNA技术进行比对。检材A:取碎尸软组织并提取DNA;检材B:取头颅骨组织并提取DNA。根据模板DNA分

---

①参见[美]布瑞恩·英尼斯著:《身体证据》,舒云亮译,沈阳:辽宁教育出版社,2001年版,第149页。

②参见刘海东,任甫,邢瑞仙等:《烧骨个体识别的研究进展》,载《法医学杂志》,2009年第1期。

别为5μL和10μL,检材B被分为检材Ba和检材Bb。检材C:提取过程中试剂对照。

表2-1 检材A、检材Ba、检材Bb、检材C的STR分型结果

基因座	STR分型结果			
	检材A	检材Ba	检材Bb	检材C
Amelogenin	XX	XX	XX	-
D3S1358	15,18	15,18	15,18	-
vWA	18,19	19,19	18,19	-
FGA	19,24	19,24	19,24	-
D8S1179	12,15	12,15	12,15	-
D21S11	30,30	30,30	30,30	-
D18S51	20,22	20,22	20,22	-
D5S818	10,11	10,11	10,11	-
D13S317	8,10	8,10	8,10	-
D7S820	8,13	8,13	8,13	-

通过对检材Ba及检材Bb的图谱分析比较,除vWA基因座外,其余8个基因座的等位基因型均完全相同。检材Bb及检材A的图谱分析比较,两者的9个基因座的等位基因均相同。即不能排除该头颅为2005年2月碎尸案死者的头颅[1]。

2.3.5 牙齿组织

牙齿是人体所有组织中最坚硬的,因此,其保存的时间也相对较长。牙齿分为牙冠、牙颈和牙根三部分。牙齿的组织结构又可分为牙釉质、牙本质、牙髓。由于牙齿有牙釉质的保护,DNA分子不易受紫外线、霉菌等外界因素的影响,牙齿的这一固有特性,使其可能成为DNA样本证据的唯一来

[1]参见徐庆文,陈荣华,胡伟:《土埋陈旧下颌骨STR分型1例》,载《法医学杂志》,2006年第6期。

源。在碎尸、高度腐败、白骨化以及一些严重的火灾案件中,牙齿可能是识别烧焦尸骸的唯一方法。

案例2-5:

刘某,男性,在抗日战争期间被日本人杀害后被土葬。2008年某月,对刘某与其可疑孙子刘某某进行亲缘关系鉴定。检材1:从刘某下颌骨提取牙齿1枚;检材2:提取可疑孙子刘某某血液1ml。检验结果提示:刘某牙齿检材11个Y-STR基因座与可疑孙子刘某某血样Y-STR基因座的比对结果完全一致。采用Identifiler试剂盒扩增牙齿样本均未得到DNA分型,于是检验人员采用Minifiler试剂盒进行扩增成功且比对结果完全匹配[1]。

2.3.6　毛发

毛发是刑事DNA鉴定的常用样本之一,在凶杀、强奸、伤害等犯罪现场常常作为重要物证出现。毛发是皮肤的附属器官,分毛干和毛根两部分。皮肤以外露出的部分称为毛干,埋在皮肤的部分称为毛根。在普通光学显微镜下,毛干可以分为毛小皮、毛髓质和毛皮质。毛根中富含神经纤维和血管,因此毛根是提取DNA的重要样本。

案例2-6:

2006年7月,在某市的一处排水沟内发现1具无名女尸,该尸体面部腐败无法辨认,于是侦查人员提取尸体肋软骨1份进行尸体身份认定。2006年9月,该市某公安分局接报一女子失踪多日,并送检失踪人所穿衣服上提取的毛发6根和失踪人母亲张某的血斑1份。DNA检验人员经过Identifiler试剂盒扩增,16个STR基因座完全匹配,认定该无名女尸是张某失踪的女儿[2]。

---

①参见王清山,宁淑华,陈雪等:《土埋60余年牙齿DNA检验1例》,载《中国法医学杂志》,2010年第4期。

②参见王玉健,魏俊刚,孙睿等:《毛发DNA检验辅助认定尸源1例》,载《中国法医学杂志》,2008年第1期。

2.3.7 指(趾)甲

指(趾)甲是人和猿猴类指(趾)端背面扁平的甲状结构,属于结缔组织。在伤害或谋杀案件中,被害人与犯罪嫌疑人、被告人有近距离的接触或搏斗时,有可能抓刮到犯罪嫌疑人的皮肤,并在指甲垢里留下肉眼看不到的皮屑组织等微量生物样本,侦查人员可以从其中提取出DNA样本进行分析。

案例2-7:

某日,一名刘姓男子被发现死于某村民房屋旁边。侦查人员经过现场勘查,发现案发现场有搏斗痕迹,遂提取死者刘某指甲组织进行DNA检验。检验人员在死者右手指甲上检出非刘某本人DNA,通过数据库DNA比对确定嫌疑人身份[1]。

2.3.8 动物DNA

DNA鉴定技术不仅可以鉴别人的DNA特殊性,还可以鉴定动物DNA的特殊性。如在加拿大某岛屿发生的中年妇女雪莉失踪案中,警方在一辆遗弃的小货车驾驶室内发现一件夹克,夹克上有疑似血迹的污渍,经DNA检测确定污渍是雪莉的血迹。同时在货车座位上还提取到白色猫毛,通过研究猫DNA的专家鉴定,发现这些猫毛的DNA数据与雪莉前夫道格拉斯饲养的宠物猫DNA一致,并且与岛上其他四千余只猫存在差异,这个结论成为认定道格拉斯谋杀雪莉的犯罪证据之一[2]。

在一些案件中,被害人和犯罪嫌疑人同住一室,鉴定人员可以通过提取昆虫如蚊子的分泌物检出人类的DNA分子,这可以帮助侦查人员了解被害人和犯罪嫌疑人的空间关系,以便寻找犯罪分子,大大拓宽了DNA鉴定技术应用的物证范围,为刑事侦查提供了更多有价值的线索和证据。

---

[1] 参见毛云峰,李昭,海云等:《指甲上DNA提取破案2例》,载《刑事技术》,2014年第2期。

[2] 参见李文著:《司法物证鉴定学》,北京:法律出版社,2011年版,第243页。

2.4 刑事DNA证据的分子生物学基础

根据个体唯一性原则,世界上只有难以区分的两个物体,但却没有完全相同的两个物体。大到一个人,小到一粒沙,不管我们的研究对象是什么,问题的关键都在于我们是否有足够的能力运用现有的信息以及工具去发现两个物体之间的不同之处[①]。

在DNA证据出现之前,常见的个体身份识别遗传标记是ABO血型,但由于其包含的信息量有限,只有四种可能的表型:A型、B型、AB型和O型,因此,ABO血型系统有助于与犯罪现场的检材对比而排除某一个体,但当双方血型相同时,这个检测方法就不是很有效了。而DNA证据则解决了这一难题,因为DNA分子存在高度的多态性。

2.4.1 DNA分子多态性

DNA分子的多态性来自DNA碱基的突变。基因突变可以以等位基因形式在群体中保留,并能从亲代遗传给子代,从而形成个体间的遗传差异,即DNA分子的多态性。不同个体之间的遗传差异是由不同的等位基因形成的,等位基因之间的差异可以是点突变引起的序列不同,也可以是因为碱基的插入或缺失引起的片段长度不同。DNA多态性按来源不同,可以分为核DNA多态性和线粒体DNA多态性;按多态性DNA片段所在区域不同,可以分为基因、基因间隔区、编码区与非编码区的多态性;按多态性DNA片段是否以位点的形式分布分类,可分为全基因组多态性和以位点为单位的多态性;按重复序列分类,可分为散在重复序列和串联重复序列。

2.4.2 DNA分子多态性分类

根据DNA遗传标记的结构特征,DNA多态性可分为长度多态性和序列

---

①参见[美]伯纳德·罗伯逊,G.A.维尼奥著:《证据解释——庭审过程中科学证据的评价》,王元凤译,北京:中国政法大学出版社,2015年版,第2页。

多态性。

2.4.2.1　DNA长度多态性

DNA长度多态性是指在同一个基因座上不同等位基因之间的DNA片段长度存在着差异。DNA长度多态性靶序列主要是指可变数目串联重复序列,由于命名习惯和为了便于区分,通常把小卫星DNA中的可变数目串联重复序列称为VNTR,而把微卫星的可变数目串联重复序列称为短串联重复序列,即STR。

(1)VNTR序列。1980年,怀曼和怀特首次报告了人类基因组DNA中具有片段长度多态性的小卫星序列。VNTR长度多态性具有以下特征:①重复单位长度9bp~24bp,重复次数少则数次,多则数百次,基因长度范围0.1kb~20kb。②高度多态性是小卫星VNTR基因座的主要特征,有的基因座杂合度几乎接近100%。例如某VNTR基因座重复单位17bp,重复次数70~450次,该基因座等位基因数为381个,基因型数为72771个,假设381个等位基因的频率相同,则该基因座杂合度的理论值为0.9974,个体识别能力为0.99999。按照这个鉴别能力,在十万个无关个体中,才可能找到基因型相同的2个人。小卫星VNTR基因座高度多态性特征是刑事DNA证据同一性认定的重要依据。

1985年,英国杰弗里斯教授报告人肌红蛋白基因第一个内含子中的一个小卫星序列,重复单位由33个碱基组成,共重复4次。杰弗里斯采用限制性片段长度多态性技术进行DNA多态性分析发现,RFLP图谱在3.0kb~23kb范围内有20条左右的片段,形似商品上的条码。不同个体表现的片段数不同、片段长度不同,呈现极高的多态性,人群中随机两个个体RFLP图谱完全相同的机会为10^{-11}~10^{-19}。可以认为世界上除同卵双生外,找不到RFLP图形相同的个体。杰弗里斯教授称之为DNA指纹。

专家提供的科学证据往往包括法庭科学工作者就其对特定案件某些方面的观察而向法庭提交的推理报告。例如法庭科学工作者将从现场提取的血液样本与从犯罪嫌疑人处提取的血液样本进行比对,推断二者具有相同的血型,并证明该血型在普通人群中可能是非常罕见的。我们的目的往往在于精确地判断出基于上述观察能否合法地得出此种推理。一种简单而合乎逻辑的方法可以实现上述目的,即法庭通过专家证据解决各种专业难题[①]。

RFLP分析法被用于比较未知来源的DNA与已知来源的DNA,鉴定方法是在DNA分子中加入限制性内切酶,将DNA分子在已知的位置切断,再将各DNA片段在凝胶电泳中加以分离,分离后的DNA片段再利用放射性同位素进行显影以利比对。个案中,许多因素都可能使鉴定过程受影响,如个人实验室使用的限制性内切酶与大部分实验室不相同,导致实验流程不完备或不被接受。另外,限制性内切酶活性或浓度亦将影响DNA的检测结果。任一DNA鉴定案件,DNA样本都有被污染、调换或混合的可能,即使无交叉污染等问题,DNA比对的过程也很复杂、困难。DNA片段显影后,须比较两样本DNA片段的位置。如果DNA片段显影位置一致,则二者便相符。此判断过程看似简单直接,但DNA显影带却隐含不确切之处。其中最常见的现象称为DNA污染,因为DNA鉴定过程中程序、试剂、样本的细微差异使得DNA产生不可避免的差异。威廉·托马森教授认为DNA污染经常出现在以RFLP法进行DNA鉴定之中,其主张只有通过客观的判断才能解决DNA检验中的一些难以解释之处。当发生DNA带位移、增多、消失等情形时,鉴定人应客观判断究竟这些现象是否重要。威廉·托马森教授举例认为,某一案件被告人的样本中部分的DNA显影带中出现一条多余DNA带,该带却并未出现在控方的样本中,这多出的DNA显影带被鉴定人加以不同的解释:一位生物化学及RFLP法鉴定的专家认为两个样本系来自不同的个体;另一位分子生物学专家则认为,该多余的DNA染色带很麻烦,但并不能表示两个样本来自不同个体;第三种意见认为,DNA分型中出现的多余DNA带的来源不明,但并不影响鉴定结果的判断。

案例中出现的这些问题存在多种解释,导致鉴定人可能会将各样本间

---

① 参见[美]伯纳德·罗伯逊,G.A.维尼奥著:《证据解释——庭审过程中科学证据的评价》,王元凤译,北京:中国政法大学出版社,2015年版,第11页。

DNA检测结果的不同错误地归因于DNA污染,由于许多实验室与检方或警方存在密切联系,使这种现象出现的概率大大提高。Mississippi v. Parker案中,法医DNA实验室在对比判断奸杀案现场遗留的DNA与Parker个人的DNA分型时,未提及DNA分型结果中一些不明确的部分。当一位独立的DNA鉴定专家审查分型结果时,却发现许多额外的DNA带与犯罪嫌疑人和被害人的检测结果不一致。由于鉴定人认为此部分是不重要的人工加工部分,因此在鉴定报告中并未提及。由于这些DNA带的分型及出现位置不同,被告人的DNA鉴定专家提出该DNA可能来自第三人,后来经调查证实确系第三人所遗留。Mississippi v. Parker案很明显存在着DNA样本被污染的问题,导致作为证据的Parker的DNA样本鉴定报告出现人为错误。在这类错误的DNA吻合案例中,放射性自显影中出现的一些难以解释的现象,对DNA比对影响究竟有多大,由于大部分实验室并未接受外部监督,所以很难给出准确的答案。

（2）STR序列。STR的核心序列为2～6个碱基（bp）长的串联重复序列。STR序列在人类基因组中占5%左右,估计有20万至50万个。STR基因座重复单位2bp～6bp,按重复单位碱基数称为二核苷酸序列、三核苷酸序列、四核苷酸序列、五核苷酸序列和六核苷酸序列。刑事DNA鉴定分型以四核苷酸STR基因座最常用。

美国CODIS系统中的13个STR基因座之一的CSF1PO基因座包含AG-AT核心序列,重复次数为6～15次;TH01基因座的重复核心序列为TCAT;TPOX基因座的重复核心序列为AATG;vWA基因座重复序列为TCTA重复,间断插入TCTG重复;D3S1358基因座包含AGAT和AGAC重复核心;D5S818基因座具有AGAT的重复核心,重复次数为7～16次;D7S820基因座主要为GATA重复。

STR基因座由于其片段长度短,即使是刑事司法实践中常见的严重降解的DNA样本,也可以用PCR技术进行扩增从而进行个体身份识别。另外,其片段短,扩增效率特别高,对PCR的条件要求也相对较低,因此,条件很差的检材往往都能成功地进行基因分型。鉴于STR分型技术的优越性,所有的DNA实验室基本上都采用这一技术,STR分型被认为是个体身份识别的黄金标准。普通的PCR技术对实验操作人员的要求也不高,单个位点的STR分型技术在许多设备比较简单的实验室都能进行。由于DNA实验室所肩负的任务非常特殊,不容许出现任何错误的结论。但是在一些检材条件不好,检材的数量很微小的情况下,要做到不出错误结论对于普通的实验室来说很难,这是因为PCR实验看似十分简单,其实则不然,由于是在十分微量的情况下进行实验,许多实验过程中看不见、想不到的因素都可能影响实验的结果。因此,从事DNA检测分型的技术人员必须经过严格的训练,能预测到实验中可能出现的各种问题并有相应的对策。

2.4.2.2　DNA序列多态性

基因组DNA碱基序列差异是不同个体间最本质的遗传差异,在特定的基因座上,不同个体的等位基因之间由碱基序列差异构成的DNA多态性被称为序列多态性。DNA序列多态性分析在刑事DNA鉴定中具有重要的应用价值,通过比较不同生物检材的DNA序列,可以获得是否来自同一个体的信息[1]。

DNA分子的一级结构是指4种脱氧核苷酸的链接及排列顺序,表示了该DNA分子的化学构成。DNA分子序列测定是对DNA分子一级结构的分析。化学测序法采用特殊的化学试剂将靶DNA链降解产生一系列长短不同的片段,然后对片段的末端碱基分析获取DNA序列的信息。双脱氧核苷酸终止法是利用DNA聚合酶作用,用链终止剂 2',3' 双脱氧核苷三磷酸(ddNTP)取代一种脱氧核苷三磷酸(dNTP),以靶DNA单链为模板合成一系列长短不同的DNA片段。随着双脱氧核苷酸链终止法的逐步完善,该方法已经成为最经典的测序方法之一。

20世纪80年代末期出现了一种高效、快速、自动化的DNA自动测序技术,该技术是以4种荧光染料基团分别作为4种ddNTP终止链的标记物,即4

---

[1]参见侯一平主编:《法医物证司法鉴定实务》,北京:法律出版社,2013年版,第104页。

种被双脱氧核苷酸终止的DNA片段分别带上4种不同的颜色。这些DNA片段的混合物同时加在一个样品槽中电泳展开,相互间仅差1个碱基的DNA片段形成一条具有4种颜色的阶梯分布图像。

在刑事DNA证据分析中,DNA自动测序技术的作用表现在以下三个方面:第一,STR基因座分型结果的验证。在亲缘关系认定的实践中,有时会碰到某一STR基因座的分型结果不符合孟德尔遗传定律或者得到了一个罕见的"off-ladder"①等位基因的结果,为了确信STR基因座的结果,对该基因座进行DNA测序分析是一种令人信服的选择。第二,SNP的分析。作为第三代遗传标记的单核苷酸多态性(SNP)应用于刑事案件的优势已经越来越明显。SNP就是基因组中单个碱基的差异,可以分为转换与颠换、单碱基的插入与缺失,与STR相比,SNP位点的突变率更低。对SNP的DNA测序分析是SNP基因分型的黄金标准。第三,mtDNA的测序。最常用于刑事DNA序列分析的遗传标记是mtDNA。mtDNA由16 569个碱基对组成,为一条闭环双链环状的DNA分子。与核DNA相比,mtDNA具有分子结构简单、严格按母系遗传、无重组、进化速度快、多拷贝、与核基因组无共同序列等特点。在刑事司法领域,mtDNA测序对于解决降解、腐败和无核DNA生物样本的个人身份识别及只有母系亲属的亲缘关系鉴定具有独到之处,是核DNA鉴定的重要补充。

2.4.3　DNA分子多态性的特点

2.4.3.1　信息量极为丰富

蛋白质型是由基因控制的。众所周知,人与人之间在面部特征、身高、体重等方面存在明显差异,是因为他们的编码区基因序列存在差异,而这些基因却只占整个基因组序列的一小部分。在人类的组织细胞中,真正有活性的基因序列还不到整个基因组序列的15%。因此,如果只检测蛋白质型

---

①偶尔DNA样本中会包含某个等位基因,它位于与ladder上相应基因座0.5bp范围之外。这些等位基因被定义为"off-ladder"等位基因或微变异。"Off-ladder"等位基因可能位于等位基因ladder之外,也可能位于等位基因ladder的两个峰之间。

的多态性,将会失去大部分个体之间的遗传差异的信息。

2.4.3.2 高度的复杂性和广泛性

在人类基因组DNA$3×10^9$bp序列中,人群的个体之间存在着广泛的序列差异。这些差异表现的形式很多,如限制性核酸内切酶识别序列的差异(用RFLP技术检测),基因序列的差异(用核酸杂交技术检测),重复序列的差异(用PCR技术检测)。重复序列差异的特点是数量多,总长度占基因组DNA的30%左右。同时,它还有散在重复序列和串联重复序列的区分,重复序列之间又有核心序列种类的差异,同一个核心序列的重复序列又有重复次数的差异,因此,总的信息量很大。世界上除了同卵双生的两个人以外,没有任何两个个体的DNA多态性类型是完全一样的,这就为个人身份识别和亲子关系鉴定提供了极好的工具。

2.4.3.3 双螺旋结构

双螺旋结构赋予DNA一种非常奇特的性质,即使在干燥环境下,也不会被核酸酶分解,因此DNA分子结构能保持相当长的时间。在许多刑事案件中,只要侦查人员或当事人能够及时妥善地保存好犯罪现场的生物性物证,特别是注意将这些生物性物证在彻底干燥的情况下保存起来。过了几年、几十年,这些生物性物证经过分析以后,同样可以发挥它的证据作用,使案犯难逃法网。

2.4.3.4 遗传与变异

遗传是相对的,变异是绝对的。这些变异会产生两种效果,一种是对机体有害,可以使机体患病,甚至死亡;另一种是发生于基因组的非编码区,因而对基因的翻译产物并不造成影响,或者是发生在编码区的变异,但它不改变蛋白质的性质,同样对机体也不会造成伤害。无论是产生疾病的或不产生疾病的变异,只要该个体还具有生育能力,都可能将这种变异遗传给子代,结果会进一步增加子代的DNA多态性水平。能够引起机体产生疾病的DNA多态性,就可以用来进行疾病的诊断或相关性分析,这是DNA多态性分析的另一个重要研究领域。

上述遗传和变异现象共同存在的事实告诉我们,在利用DNA分析结果作为个人特征标记来进行个体身份识别或亲子鉴定时,要充分认识到上述各种变异的可能性,并用来指导具体个案的DNA鉴定工作,以免误入歧途。

2.4.4 DNA分型结果的统计学分析

无论哪一种DNA鉴定技术和方法,其检测对象都是针对某个(或某些)特定DNA序列的,其目的都是判断两个样本(已知样本和待检样本)间的DNA分型是否一致。如果只有这样的结果,那么DNA鉴定技术在刑事司法领域的适用将被限制。因为无论DNA鉴定技术多么先进,其只不过能证明两个样本间某一特定部分或某些特定部分的DNA分型是相同的,但无法证明这两个样本系出自同一个体,而不是来源于其他个体。也就是说,如果两个样本的DNA分型结果一致,存在两种可能:第一,两个样本确实来自同一个体。第二,两个样本并非来自同一个体,而可能是两个人具有相同的基因特征。因此,该问题就转变为统计学问题,即特定的DNA分型结果相同的概率是多少? 所以,当要把"基因的同一性"转为"人别的同一性"时,分子生物学的方法无法实现两者之间的跳跃,这个跳跃只能依靠统计学的频率计算才能实现。而统计学的计算方法则相当复杂,如果以比较简易的方式去理解的话,则可以通过以下两个基本法则进行。

2.4.4.1 哈迪−温伯格法则

哈迪−温伯格法则指就某基因位上等位基因的出现频率具有可预测的关系,即在没有进行实际调查的情况下,可对某种族中的该基因位特定等位基因出现的频率加以预测。哈迪−温伯格法则强调的特定条件是指无自然选择、无突变、无遗传漂变、无迁移、随机交配和极大的族群。基因型的产生可以用公式 $(p+q)^2=1$ 表示,p代表某等位基因p发生的概率,q代表某等位基因q发生的概率,而pp代表该族群中基因型为pp发生的概率,其概率为 p^2,同理可知pq的概率为 $p×q$,qq基因型的概率为 q^2。同理,若某基因位上的等位基因为三个以上时,其发生概率为$(a+b+c\cdots)^2=1$的各项估值。因此,在哈迪-温伯格法则之下,就可以对某基因位上的特定基因在人群中出现的频率进行计算,从而得出某种DNA分型大约多少人才会出现一个的结论。

2.4.4.2 连锁平衡法则

连锁平衡法则指在一个稳定族群中,任何多基因型的探针所检测的频率是由各个基因位上所得,因此,即使并未进行实际的调查也可以进行多基因位的检测。连锁平衡法则强调只要对某一基因位点通过哈迪-温伯格法则检测到该基因型出现的频率,则在一次对多基因位点进行的DNA检测中,因为多基因位是独立出现的,和其他基因位没有连带关系,所以在频率计算上可以将其相乘,以求得多基因位检测时,特定状态基因出现的频率。例如,DNA在不同基因位点上检测的结果如下表:

DNA鉴定系统	模式频率估值
D2S44	0.007
D4S139	0.017
D10S28	0.005
D17S79	0.042
D14S13	0.006

上表指两个DNA样本进行五个DNA位点检测时都出现了相同的结果,第一个探针是对2号染色体第44基因位部分的检测,经过哈迪-温伯格法则计算,出现相同分型结果的概率是0.7%;第二个探针是对4号染色体第139基因位的检测,同理出现相同分型结果的概率是1.7%,以此类推。因为两个DNA样本在五个位点分型结果都是一致的,根据连锁平衡法则可将五个位点的概率相乘,即0.007×0.017×0.005×0.042×0.006=0.00000000014994。这个结果说明,两个个体五个基因位点完全地、同时拥有相同基因型的概率是

0.000000014994%。换句话说,在多少人口中会出现两个个体五个基因位点相同时,可以用1:0.00000000014994=X:1进行计算,X≈6 669 334 400,也就是说约在67亿人中,只有两个人在这五位基因位点可能是相同的。

2.4.4.3　统计学分析的争议

一般进行DNA匹配概率的计算时,必须借助于和被测者相关的统计学DNA资料库,但是往往被测者在族群中的分类,具有特殊的亚族群地位,那么就会产生相互衔接的问题:第一,被测者所具有的亚族群特性,是否需要在统计学计算中加以考量。第二,如果需要考量时,因为亚族群所产生的高度DNA重复性,是否要予以计算? 这个问题是美国20世纪90年代后期关于DNA鉴定技术争议的焦点。美国官方组织了国家研究委员会(NRC),从而使得对这一问题有了某种程度上的一般性做法。就第一个问题而言,一般的观点认为被测者如果具有亚族群特征时,原则上必须把亚族群特征纳入统计学考量范围,但是一旦纳入考量范围又可能造成统计学上出现频率过高的问题,所以原则上必须在相当的程度上节制亚族群可能引起的高度频率认定。也就是因为这一层面的考量,NRC最后发展出所谓的"底限原则",也就是在特定情况下,排除亚族群特定基因座的DNA位点所具有的高频性。

2.4.4.4　统计学资料库的问题

DNA鉴定的最后一步即进行统计学上的计算,所以使用的统计学资料库就会成为决定匹配概率的重要标准,但实际上因为统计学资料库的建立需耗费大量时间,因此,一个精确的统计学资料库常常不能有效建立,这对DNA鉴定结果的影响重大。此外,因为被测者可能是某个大族群中的亚族群,例如美国人中的黑人或西班牙人等,特定亚族群在特定基因位往往具有高度的类似性,因此,统计学资料库通常必须针对此种亚族群,进一步建立关于亚族群基因位点的统计学资料库,可是这又会发生考量亚族群高度重复性后,导致计算结果不能如实反映实际情况。上述因素都会影响对结果正确性的判断。

2.5 刑事DNA分型方法的缺陷

用PCR扩增STR等位基因时,会出现大量的人为产物,可能干扰DNA模板中等位基因的准确分型和解释。这些人为产物包括stutter产物、非模板核苷酸添加、微变异、三等位基因、等位基因缺失和突变等。

2.5.1 RFLP分型方法的缺陷

RFLP-DNA分型方法是以条带的方式进行匹配,所以在使用RFLP技术时,通常会出现所谓DNA样本经自显影后的结果是否可以被认定为匹配的问题。对该问题可以这样去理解,假设两个DNA样本之间出现极其类似的DNA条带时,如何来认定这两个DNA条带是相同的? 常用的简单方法是通过肉眼观察,但观察结果存在不同检测人员主观性的差异。因此,在实验室检测标准上出现了一些客观标准,一般在认定两个DNA样本是否匹配时采用数量匹配法则,该法则认定标准是DNA条带中大部分相同,只存在细微差异时即可认定两个样本的DNA分型是匹配的。但"大部分相同"的标准是什么呢? 不同的实验室在进行DNA匹配时,往往有不同的认定标准。例如FBI实验室以DNA图谱中1%的差异为界限,一旦差异超过5%时,原则上被认为不匹配。Lifecode公司则以1.8%为标准。匹配或不匹配认定标准上的差异,会高度影响DNA鉴定结果的正确性。

2.5.2 STR分型方法的缺陷

2.5.2.1 stutter产物

stutter产物又被称为影子带或DNA聚合酶滑脱产物。stutter产物峰是在用DNA聚合酶对STR基因座进行PCR扩增过程中产生的。stutter产物会影响DNA检测结果的解释,尤其在DNA样本来自两个或多个个体时。因为stutter产物与真正的等位基因PCR产物大小相同,此时判定一个小峰究竟是含量较少的真实等位基因峰,还是一个相邻等位基因峰的stutter产物是非常困难的。

2.5.2.2　非模板添加

DNA聚合酶,尤其是在PCR扩增中使用的Taq聚合酶,经常在复制模板链时在PCR产生的3′末端添加一个额外的核苷酸。这种非模板添加的核苷酸多为腺苷酸,因此被称作腺苷酸添加[①]。非模板添加导致PCR产生比实际的靶序列长一个碱基。从检测角度来说,对于某一等位基因其所有分子最好是相同的,腺苷酸添加不完全就会使一些PCR产物没有额外的腺苷酸,此时如果分析系统分辨率较差,就会使峰加宽。尖锐的峰型易于辨认,用系统分析软件更易获得准确的分型。当扩增的DNA量比用户手册推荐的优化量大,就会导致3′端加"A"不全,因此出现分裂峰。

2.5.2.3　微变异和"off-ladder"等位基因

在检测人群DNA遗传标记时可能出现稀有等位基因,与常见的等位基因相差一个或一个以上碱基。STR等位基因序列变异可以是插入、缺失或核苷酸改变。与常见等位基因比较,含有某种序列变异的等位基因被称为微变异,因为它们与完全重复的等位基因仅有细微的差别。因为微变异等位基因的大小与等位基因分型标准物中的等位基因不同,所以也被称作"off-ladder"等位基因 。在STR遗传标记中,常见的微变异例子是TH01基因座的等位基因9.3。

长度相同但序列不同的等位基因。例如,STR基因座D21S11在用Profiler Plus试剂盒进行扩增时,有四个长度均为210bp的等位基因,在这一情况下,变异的等位基因只能用测序的方法进行检测。

等位基因ladder外峰型。在STR分型时,偶尔会在基因座分型标准物的等位基因范围外发现新的稀有等位基因。如果在复合扩增时,这些峰落在两个STR基因座之间,则很难解释它们究竟属于哪个基因座,除非用单个基

[①]参见沈红缨,于蛟,刘锋等:《DNA数据库样本数据分析中常见问题探讨》,载《中国法医学杂志》,2010年第3期。

因座特异性引物或另一复合扩增系统再行扩增。这些特殊的"off-ladder"可用在复合扩增中发现的与新等位基因相邻的两个基因座分别进行单基因座扩增来确认。

三带型。在STR复合扩增时,有时会在某一基因座发现三带型或者三等位基因。这种特殊的峰并不是混合物的产物,而是样本的复制假象。出现三带型的常见原因是出现额外的染色体或者引物结合区点突变。

2.5.2.4 突变

在DNA的任何区域内均可能发生突变,在STR基因座也是如此。STR突变的分子机制可能包括复制滑脱或有缺陷的DNA复制修复机制。STR等位基因突变可以通过比较后代与亲代的分型结果进行判断。亲权三联体包括父亲、母亲以及至少一个孩子,检测这种三联体的基因型,发现父母和孩子间的等位基因差异就可认为可能是突变所致。在通常情况下,大多数STR等位基因的突变率是非常低的,因此,当发现STR基因座的突变需要检测众多亲子间等位基因的传递。大多数STR突变涉及一个重复单位的获得或丢失,因此,由于突变,vWA基因座的等位基因14可能在子代表现为13或15。

基因突变对亲子鉴定、大型灾难调查以及经过一代或数代的遗传数据分析影响重大。在亲子鉴定时,一个STR遗传标记的突变率过高可能会导致该遗传标记的错误排除。高突变率有利于保持STR遗传标记的多态性,在人类个体身份识别中的应用价值很高。值得注意的是,虽然突变可以潜在影响亲子鉴定的参照样本,但它对受害者自身或罪犯和犯罪现场证据之间的直接比对影响不大,因为发生的任何突变在个体一生中都会保持不变,也即DNA分子结构的终生不变性。

2.5.3 线粒体DNA分型

前文已着重介绍了细胞核DNA分型的原理、方法和缺陷等问题,为了更好地理解线粒体DNA分型的特殊性和线粒体DNA证据的缺陷,笔者将对线粒体DNA进行简要的介绍,前文已涉及的内容不再重复。

2.5.3.1 线粒体DNA(mtDNA)

线粒体DNA呈闭环双链结构,没有核基因组那样复杂的结构。线粒体DNA由两条平行双链构成,分别为重链和轻链。线粒体DNA的碱基结构比较简洁紧凑。与线性的染色体DNA的双向对称复制方式不同,环形线粒体DNA是一种特殊的单向复制方式,称为置换环复制或D-环复制。人类线粒体DNA和细胞核DNA有很大差别。线粒体DNA只有16.6kb长,比许多编码单一蛋白质的核基因都小。

线粒体DNA不同于细胞核DNA,其具有许多特性:第一,线粒体DNA呈母系遗传。线粒体DNA直接从母亲传递给她的孩子,这种模型被称为母系遗传。第二,线粒体DNA具有高拷贝数和异质性。前文已论述线粒体DNA的异质性,在此不再赘述。在一个细胞中,线粒体DNA通常具有数百至数万个拷贝。第三,高突变率。线粒体DNA的突变率高于细胞核DNA,线粒体DNA中某些区域的进化速度高于细胞核DNA。线粒体DNA的非编码区在个体间表现出高度的差异性。第四,线粒体DNA的遗传异质性。在人类不同的组织或细胞里,线粒体DNA的序列,特别是线粒体D-环区的序列组成会有不同的类型,称之为线粒体DNA的遗传异质性。目前已知,两个或更多类型的线粒体DNA混合物可能存在于一个个体中,即同一个体的不同组织或同一组织的不同部位,甚至同一细胞的不同线粒体DNA拷贝都可能存在某些差异。由于这种异质性的存在,给个人身份识别的认定工作带来重重困难。

2.5.3.2 线粒体DNA的多态性

(1)线粒体DNA的单核苷酸多态性。线粒体DNA的SNP多态性是指在一个种族不同个体的基因组或共同序列之间,存在一个单核苷酸A、T、G或C的差异。

(2)线粒体DNA的串联重复序列多态性。线粒体DNA中STR主要集中在D-环控制区中。与细胞核DNA不同,线粒体DNA中的重复序列一般在10bp以下,常见的主要为单个碱基。

线粒体基因组DNA高变区可作为遗传标记应用于刑事DNA鉴定,目前刑事DNA鉴定的经典区域为包含610个核苷酸分布的HVR I和HVR II。适用于线粒体DNA检测的生物样本包括缺少毛根、毛球或附着组织的脱落的毛发;部分毛干;暴露在空气中很少时间的陈旧骨或牙齿;细胞核DNA检测失败的来自犯罪现场的血痕或拭子等[①]。

2.5.3.3 线粒体DNA分型的影响因素

线粒体DNA序列多态性在个人身份识别鉴定中的实用价值在于其检测灵敏度高。因为样本的特殊性或微量样本无法完成STR分型时,线粒体DNA序列分析可能获得成功。常规做法是将犯罪现场的样本与犯罪嫌疑人的样本同时作线粒体DNA序列测定比对,如果两份样本的序列不同,则说明不是来自同一个体,可以排除犯罪嫌疑人。假使两份样本的线粒体DNA序列经过比对完全匹配,也并不能据此认定系出自同一个体[②]。因此,笔者认为,线粒体DNA序列多态性在个体身份认定中真正的价值在于排除其同一性。

1992年至1996年,英国法科学服务研究室著名的法医学DNA分析专家彼得·吉尔和来自俄罗斯的分子生物学家帕维一起合作,对俄沙皇尼古拉斯 II 墓穴中的骨骸进行了亲权鉴定。他们检验骨的5个STR基因座以及mtD-NA的序列多态性,认定了墓穴中各骨骸之间的关系。在这次检验中,第一次发现人类线粒体DNA的异质性,也正因为此以及其他一些原因,导致了对此案结论的争议,以至今日仍有人怀疑此结论的正确性[③]。

---

① 参见郑秀芬编著:《法医DNA分析》,北京:中国人民公安大学出版社,2002年版,第341页。

② 参见侯一平主编:《法医物证司法鉴定实务》,北京:法律出版社,2013年版,第128页。

③ 参见吕德坚,陆惠玲编著:《DNA亲权鉴定》,广州:暨南大学出版社,2005年版,第6页。

3 刑事DNA证据的应用与挑战

3.1 刑事DNA证据应用演进

刑事DNA证据的出现和应用并不是一蹴而就的,其在刑事司法实践中的应用与世界科学技术的发展息息相关,特别是同分子生物学技术的发展有着紧密的联系。当人类处在奴隶社会阶段时,科学技术极度落后,刑事断案的方法常为神明裁判。随着科学技术的发展,人类社会进入封建社会,才开始用部分"科学"方法裁断案件,如我国古代常用"滴骨验亲法"和"滴血验亲法"等来确定亲缘关系。从目前的科学角度看,这些方法存在很大的局限性,但这是人类科学技术在刑事司法中应用的大胆尝试。

1944年,美国人埃弗里首先研究发现了DNA物质的存在,但这时DNA并未作为证据在刑事司法领域加以应用。随后,各国科学家对DNA进行深入研究,发现了DNA的物理性质、化学性质、分子结构等生物信息。伴随着检测方法的进步,DNA分型技术的发展日新月异,DNA分型技术的发展是DNA作为证据被应用于刑事司法实践的关键。

3.1.1 刑事DNA证据出现之前

滴骨验亲法是以生者的血液滴在死人的骸骨上,观察血液是否渗入骨中,渗入骨中即认为有血统关系,不入则否①。南宋宋慈编著的《洗冤集录》中有"判血入水辨认亲子、兄弟"的记述,这些都是我国古代有关判定血缘关系的记载。这些检验方法虽不科学,但有启蒙意义。

自人类ABO血型被发现以后,红细胞血型检验的结论被应用于诉讼案件,自此,科学技术被应用于物证的检验鉴定。血型一般具有个体特异性和终身不变的特征,作为人类遗传标记在个体身份识别和亲缘关系鉴定中具有重要意义。ABO血型是第一个被发现的人类血型系统,其表型有四种型别:A型、B型、AB型和O型。据调查,ABO血型在中国部分群体中的等位基因频率,O型血所占比例为50%以上。除ABO血型系统外,尚有Lewis血型、MNSs血型、Rh血型等血型系统。1925年,伯恩斯坦研究发现了ABO血型的遗传规律,为利用血型进行亲缘关系鉴定提供了科学依据。当时的司法机关主要也是通过血型检验来进行个体身份识别工作。但血型遗传标记系蛋白质,由于受蛋白质遗传标记多态性和检测技术的限制,ABO血型等蛋白质遗传标记在个体身份识别鉴定中,只能做到排除而不能进行直接认定。

1910年,法国刑事犯罪学家艾德蒙·洛卡德提出了接触与物质交换原理,认为任何接触都可以留下痕迹,这个论点奠定了现代法庭科学的基础②。随着蛋白质分型技术的发展,研究人员发现了血液中白细胞抗原(HLA)、血清蛋白和红细胞酶蛋白等的凝胶电泳检测方法,这些检测方法的出现为生物物证检验与鉴定提供了更多的技术手段。20世纪70年代,应用等电聚焦发现了多种血清型及酶型的亚型,进一步提高了个人识别概率。人类白细胞抗原是人类最复杂的显性遗传多态性系统。单独使用HLA分型,非父排除率可达到90%左右,超过使用ABO、MN、Rh等11个红细胞血型

①参见黄瑞亭,陈新山主编:《中国法医学史》,武汉:华中科技大学出版社,2015年版,第27页。

②参见侯一平主编:《法医物证学(第3版)》,北京:人民卫生出版社,2009年版,第9页。

系统及Gm、Km、Hp等8个血清型系统的总排除概率。

3.1.2　刑事DNA证据初现

3.1.2.1　刑事DNA证据在英国初现

1980年,戴维·伯斯坦等首次发现在遗传水平上人群间存在小的差异,并用限制性片段长度多态性(RFLP)技术检测出这种差异。1984年,杰弗里斯教授发现了RFLP技术在个人身份识别应用中的独特价值,RFLP图谱就像人手的指纹一样,各不相同,独一无二,可以进行像指纹一样的个体同一性认定,因此形象地称RFLP图谱为DNA指纹图。1985年,杰弗里斯教授首次将DNA指纹技术成功应用于一例移民案件的亲子鉴定,开创了DNA在亲子鉴定上的实际应用[1]。

案例3-1:

1985年,一名叫安德鲁的小男孩从加纳乘飞机回英国,在伦敦西思罗机场被海关检验人员拦下,并被询问。安德鲁陈述其是1970年出生在英国,出生不久便随父亲前往加纳生活,不久前,因父亲去世才回英国与母亲和兄弟姐妹生活。但英国移民局不相信安德鲁的陈述,认为其是非法移民。安德鲁的母亲克里斯蒂娜想可以通过血清学的方法进行亲子鉴定以确认亲子关系。但英国移民局认为安德鲁在加纳有一个姨妈,也就是克里斯蒂娜的妹妹,那么利用现有的血清学方法也许不能分清安德鲁到底是克里斯蒂娜的孩子还是其姨妈的孩子。血清学的检验结果也验证了这一判断。这时整个英国的报纸、杂志都在关注着安德鲁的命运。经过两年的等待,杰弗里斯教授关于DNA指纹图的论文被发表在《自然》杂志上,人们意识到安德鲁的命运可能就此改变。杰弗里斯教授认为根据自己的研究成果,可以帮助安德鲁确认其与母亲之间的亲子关系,最终的DNA检验结果也证明了他们之间的亲子关系且英国移民局

---

[1]参见郑秀芬编著:《法医DNA分析》,北京:中国人民公安大学出版社,2002年版,第4页。

也接受了这一结论①。

DNA指纹图谱技术的首次应用被英国的怀特警官注意到了,他当时正对1983年和1986年发生的两起强奸杀人案一筹莫展。

案例3-2:

1983年,15岁少女琳达在英国位于纳伯勒镇的一个古老村庄被奸杀。1986年同样一幕再次发生,这次被奸杀的是另一位15岁的女孩唐。经过检验确定死者体内遗留有精液,经血清学检查,精液的血型为B型,也就是说这个可能的罪犯是一名B型血的人。相似的作案手法使怀特警官怀疑这两个案件系一人所为。在调查中,警方发现一个17岁的当地少年理查·巴克兰对案件细节很了解,警方立即将其作为重点嫌疑对象。巴克兰的父亲邀请杰弗里斯介入此案,杰弗里斯教授利用DNA指纹技术分别对巴克兰的DNA样本和案发现场提取的DNA样本进行分型比对,检测结果提示两者并不匹配。这也是DNA指纹技术第一次证明了一个无辜者的清白。为了查出真凶,警察采用全面检验DNA的方法,采集了当地3个村庄所有成年男性的血液样本,并进行了DNA指纹图谱检测,但检测结果无一匹配。一天,一位酒吧女服务生在工作中听到有人说他是如何用自己的血样代替朋友科林的血样,送交警方检验。警察随即采集了科林的血样,并证实其DNA检验结论与两起杀人案件现场的精液匹配②。

3.1.2.2 刑事DNA证据在美国初现

在纳伯勒镇案件侦破之后,1987年,英国大不列颠帝国化学公司在美国开了一家专门从事细胞诊断的塞尔马克公司,该公司引进杰弗里斯教授的DNA指纹技术,为人们提供亲子鉴定服务,并为警方侦查案件提供技术帮助。同年,美国一家生命密码公司也开始从事同样的业务,正是这两家公司

---

① 参见赵兴春编著:《DNA作证》,北京:群众出版社,2006年版,第7-18页。
② 参见代马依风著:《福尔摩斯是怎样炼成的》,北京:中国方正出版社,2014年版,第182-184页。

使DNA技术在美国生根发芽。1987年11月,生命密码公司受理了第一件DNA鉴定业务即安德鲁斯强奸案,这是美国历史上第一次利用DNA鉴定技术来证实犯罪。

案例3-3:

　　1987年在美国佛罗里达州的奥兰多市,有一名叫安娜的女性报警称自己被性侵犯。警察根据报案人的指控,很快找到了犯罪嫌疑人安德鲁斯,但安德鲁斯否认自己的犯罪行为。警察通过提取安娜体内的精液样本、安德鲁斯和安娜丈夫的血样样本进行血型检验,发现安德鲁斯和安娜丈夫的血型相同,这无法直接证明安德鲁斯的犯罪行为。这时,警方希望生命密码公司能利用最新的DNA指纹鉴定技术来证明安娜体内的精液是谁所遗留。DNA检验结果证明精液系安德鲁斯所遗留。随后,警方对安德鲁斯提起指控,并邀请生命密码公司的科学家和麻省理工学院的生物学家共同出庭提供专家证言:从受害人身上发现的精液与安德鲁斯的DNA指纹图谱完全一致,且安德鲁斯DNA指纹图谱非常独特,在一百亿人中才可能会有一个,所以,是其他人遗留的可能性小于一百亿分之一。对于这个检验结论,辩护人没有丝毫的抗辩能力,陪审团采信了专家意见,裁定安德鲁斯有罪。最终,法官判处安德鲁斯22年监禁[①]。

安德鲁斯案件受到了全美媒体的高度关注,到处都充斥着渲染DNA神奇功效的文章,使美国人对DNA鉴定技术顶礼膜拜,于是更多的案件选择了DNA证据,从而使掌握DNA证据的一方立于不败之地。由于安德鲁斯案只是在奥兰多市的地方法院进行的审判,并没有在更高级别的法庭对DNA指纹技术进行充分的质证和辩论,所以,并不能说DNA证据已被大多数美国人广泛接受,也不能证明DNA指纹技术可以作为法庭接受的取证手段。而此时,一件更加引人关注的案件在西弗吉尼亚发生了。

---

①参见赵兴春编著:《DNA作证》,北京:群众出版社,2006年版,第28—32页。

案例3-4：

1987年，在美国的西弗吉尼亚的皇亭屯市接连发生了两起强奸案。有两名叫安妮和毕倪的女子向警察报案称自己被人强奸。警方根据两位受害人的陈述认为两起强奸案系同一人所为，并提取了两名受害人体内的精液和在毕倪车内发现的卷曲毛发。警方经过侦查发现沃德尔有重大犯罪嫌疑，并提取沃德尔的头发与车内发现的毛发的颜色、质地和卷曲的形状进行比对，发现二者具有相似性。同时，警方将两名被害人体内的精液血型与沃德尔的血型进行比对发现完全一致，同时红细胞酶型PGM、GLO分型以及分泌型与非分泌型的分型都完全一致。这些证据似乎足以证明沃德尔有罪，但沃德尔始终否认犯罪，并申请进行DNA鉴定，可是警方驳回其申请，认为不需要再进行DNA鉴定。庭审中，沃德尔的律师申请法庭进行DNA鉴定，但法官以DNA技术并没有被广泛接受，不能提供可靠权威的证据为由予以驳回，最终，沃德尔被判有罪入狱。但沃德尔始终不服法官的判决，反复向法官申请进行DNA鉴定。1989年，西弗吉尼亚州高等法院的法官同意让美国法庭科学技术学会组织进行DNA鉴定。他们决定利用最新的聚合酶链反应(PCR)技术进行DNA检验。当他们把一个命名为DQα位点的DNA片段进行复制检验后发现，三个样本的条带完全不同。为慎重起见，他们将DNA检验结果递交杰弗里斯进行确认，最终，DNA检验结果显示沃德尔无罪。西弗吉尼亚州高等法院根据鉴定结果撤销了对沃德尔的所有犯罪指控，宣布沃德尔无罪释放。这个迟来的判决表明刑事DNA鉴定意见被西弗吉尼亚州高等法院所接受、采用，标志着DNA鉴定技术在美国已真正为广大人民所接受，符合弗莱伊法则成为一种被普遍接受的技术种类[1]。

3.1.2.3 刑事DNA证据在中国初现

1985年安德鲁移民案的成功解决，让杰弗里斯教授成为媒体中耀眼的科学明星。他利用DNA技术确认了安德鲁是克里斯蒂娜的孩子，被全世界

---

[1] 参见赵兴春编著：《DNA作证》，北京：群众出版社，2006年版，第33-43页。

的媒体争相报道。这个新闻也得到了中国媒体的关注。因此,中国的刑事技术研究所成立了一个DNA技术专家组,开始了中国自己的DNA技术研究。1987年,中国的研究团队终于获得了第一份成果——DNA指纹图谱,这标志着中国的DNA指纹图技术已经研究成功。这项DNA检验技术很快有了用武之地,为李东风老师恢复了名誉①。

案例3-5:

  1989年,李东风老师在西北某大学刚刚任教两年,因其年轻帅气且是名牌大学毕业的研究生,因此,在学校里李东风老师成为众多女孩子注目的对象。在他所管理的班级中,许多女生都把他视作理想的恋爱对象,也都喜欢和他接触,其中一位非常漂亮的少数民族女生马莉莉也不例外。当时那个年代对于师生恋是非常忌讳的,但李老师一直把握分寸,未与她走得更近。由于马莉莉漂亮且性格开朗,她也成为男生追求的对象。她和一个很帅气的男生文力谈恋爱了,俩人感情迅速发展,不久,马莉莉发现自己怀孕了。在那个年代,怀孕对于一个没有结婚的在校大学生来说意味着学业的终止。过了一段时间,马莉莉身形的变化让同学们和老师注意到了,大家最关心的是谁让她怀孕了,周围的人都以为始作俑者是李老师,随后,学校开始调查马莉莉怀孕的事情。马莉莉说这是李老师与其谈恋爱的结果,但李老师坚决否认。在马莉莉做流产手术时,公安机关开始对李老师进行调查,学校也对李老师作出了停职的决定。案件调查进入一个复杂的阶段,如果孩子的父亲是李老师,那么他故意推卸责任,就可能涉嫌强奸。如果孩子的父亲不是李老师,那就是马莉莉诬陷他人,故意损毁他人名誉。马莉莉在医院顺利进行了流产手术,公安机关为了确定胎儿的父亲,按照当时的条件,开始进行ABO血型比对。ABO血型检测结果:胎儿为B型、马莉莉为B型,胎儿的父亲可以是四种血型中的任何一种。这个结果无形中增加了案件侦破的难度。因为从血型上来说,已经没有甄别真正嫌疑人的能力了,因此案件成为一个悬案。这时,从公安部传来消息,他们正在进行DNA技术研究

---

①参见赵兴春编著:《DNA作证》,北京:群众出版社,2006年版,第194页。

且发表了相应的文章证实可以进行DNA亲权认定,最终,公安部提取文力的血液样本,利用DNA指纹技术还原了事情的真相[①]。

李东风案是中国第一例利用DNA鉴定技术确定亲权关系的案件,DNA鉴定技术的第一次应用就扮演了佐罗的角色,为李老师沉冤昭雪,还无辜者以清白。从此,DNA鉴定技术在中国刑事司法实践中被广泛使用。

3.1.3 刑事DNA鉴定技术发展

正如前文所述,DNA指纹技术是由英国遗传学家杰弗里斯在1985年初创的。1986年,DNA指纹技术便应用于一起刑事案件的侦破中,且对该案的侦破起到了决定性的作用。这一案件验证了在刑事案件侦破中应用DNA技术的可能性,该案的侦破为DNA鉴定技术指明了一个新的发展方向[②]。

多基因座DNA指纹图一次检测可以获得最多遗传信息,其高度特异性是其他任何遗传标记无法比拟的,但在刑事司法实践中的应用也有其局限性和潜在问题。如灵敏度低、对基因组DNA的质量要求高、多基因座DNA探针没有种属特异性、高突变率、检验操作烦琐和实验耗时等。

1985年,凯利·穆利斯发明了聚合酶链反应(PCR)并建立了在体外有效扩增目标DNA片段的方法。在美国皇亭屯强奸案中首次使用PCR技术进行DNA分型。1988年,齐木等学者将TaqDNA聚合酶引入PCR技术,提高了PCR扩增反应的特异性和效率,迅速推动了PCR技术的普及。1990年,杰弗里斯教授报道小卫星D1S8基因座串联重复单位内部存在差异,1991年,用小卫星DNA核心序列变异(MVR)PCR分析VNTR。此时出现了以PCR技术检测VNTR基因座的分型方法,该方法适用于微量、腐败等条件较差的生物检材,拓宽了DNA检验的领域,同时具有高灵敏度、可以进行多个基因座复合扩增和种属特异性等优点,使DNA检验技术又上了一个新台阶,被誉为刑

---

①参见赵兴春编著:《DNA作证》,北京:群众出版社,2006年版,第181-194页。

②参见[新西兰]约翰·巴克尔敦,克里斯托弗·M.特里格斯,[澳大利亚]西蒙·J.沃尔什著:《法庭科学DNA证据的解释》,唐晖,焦章平等译,北京:科学出版社,2010年版,第2页。

事 DNA 证据分析的第二代技术。1990年,PCR 技术被应用于刑事 DNA 分型,第一个用 PCR 分析的遗传标记为 HLA DQα。

自 1991 年始,DNA 提取方法进行了改进,即采用 Chelex-100 法,对于 STR 基因座的复合扩增也采用荧光进行标记。STR 基因座在人类基因组中分布广泛且数量众多。STR 分型检测的灵敏度高,适合于微量检材的鉴定。1992年,开始用毛细管电泳分析 STR 结果。毛细管电泳是 20 世纪 80 年代后期迅速发展起来的一项新的电泳分离技术,是在毛细管内进行电泳。与平板凝胶电泳相比,具有全自动化、高效、简便、灵敏度高、精确度高等优点。1993年,第一个商业 STR 试剂盒面世,PCR 同步扩增 Amelogenin 基因座进行性别鉴定。Amelogenin 基因是牙釉质蛋白基因,为 X、Y 染色体共有。对 Amelogenin 基因的检测可以提供一种快速性别检验方法,灵敏度高,对降解样品分析能力强,特别适合于物证样品性别检验。

1996年,多色荧光标记 STR 试剂盒问世,开始用基质辅助激光解析串联飞行时间质谱仪分析 STR 扩增产物和线粒体 DNA 的基因芯片。多色荧光标记 STR 试剂盒和 DNA 测序仪的出现使 STR 的分型实现了自动化。DNA 自动测序仪的激光荧光分析将 DNA 片段电泳分离与荧光扫描结合在一起,在电泳过程中即时记录 DNA 片段的荧光强度与迁移时间,这种分析系统自动化程度高。1997年,媒体开始大量报道 Y-STR 基因座。性染色体分析技术适用于对于常染色分析受限的检材,性染色体 STR 为个体识别和亲权鉴定提供了新途径。Y 染色体由父亲直接遗传给儿子,大部分 Y 染色体不发生重组,后代遗传变异小,在男性组织成分的个体识别和父系家族的亲权鉴定中具有独特的应用价值。X-STR 对于双亲缺乏的同父异母姐妹亲缘关系认定、涉及父女关系的单亲亲权鉴定等方面案件有特殊作用[1]。

1998年至1999年,SNP 杂交芯片技术被实际应用和发展。随着 20 世纪末微制造技术的发展,加速了计算机的计算速度和运行能力,微制造技术也使得 DNA 分析中的样品制备和一些分析步骤微型化,设计一些仪器可以在

---

[1] 参见陈吉娜:《DNA 分子标记技术及其在法医学中的应用》,载《福建医药杂志》,2012年第3期。

犯罪现场进行生物物证的分析,使DNA分析比传统实验室分析得更快、成本更低。

3.2 刑事DNA证据面临的挑战

3.2.1 刑事DNA检验技术的可接受性

正当DNA技术被媒体大力报道、宣传,出尽风头之时,在美国纽约州发生一起卡斯特罗案,让DNA技术感受到了丝丝凉意。

案例3-6:

1987年2月,美国纽约州警方接到报案,有两位女性被人残忍杀害,一位叫彭丝,另一位是其两岁的女儿娜塔莎。法医解剖发现死者彭丝没有抵抗伤,且怀孕七个月,胎儿已死亡,死者没有受到性侵害。警方根据犯罪心理分析专家的意见进行排查,发现清洁工卡斯特罗具备犯罪嫌疑。警方对卡斯特罗进行讯问发现其佩戴的一块手表上有一个几毫米大小的红色斑点。于是警方委托生命密码公司对其进行DNA检验。检验结果显示红色斑点为人的血迹,但血迹非卡斯特罗本人所遗留,通过与两名被害人的DNA进行比对发现系被害人彭丝所遗留。彭丝是西班牙裔人,在美国的西班牙裔人种中,根据不同个体的基因分布特点,专家按照出现频率进行统计计算,从卡斯特罗手表上发现的血迹的DNA分型除为彭丝所具有外,其他人具有这种同样DNA特征的可能性为一亿八千九百二十万分之一。这个检验结论对于卡斯特罗是一个沉重的打击,卡斯特罗的律师聘请了两位重量级的人物,由他们来对DNA证据把关,以求找到控方的缺陷。卡斯特罗聘请的专家证人中有一位是兰德,他对于遗传技术研究了如指掌,同时又有着统计学的知识背景,是最好的审查DNA检验结论的专家。经过专家审查发现,生命密码公司的专家在检验过程中,并没有完全按照实验的过程进行解释,而且,他们所使用的方法,也并不是当时大众所知晓的DNA指纹技术,因此不是已被人们所接受的科学技术,而利用这样的技术所获得的结论是不可行的。最终法官判决:检验结果认为彭丝是卡斯特罗手表上血迹的来源的结论法庭不能接受①。

源自DNA分型技术获取的证据第一次在法庭上吃了败仗,这大大出乎人们的意料,但细想一下也在情理之中。任何一门新技术都是在不断的争论和挫折中得到完善和发展的,DNA分型技术当然也不例外。面对卡斯特罗案件中的DNA检验技术,辩护方并没有对检验技术所涉及的基本理论进行质疑,而是对检验人员所使用的方法是否已被人们所接受进行了质疑。根据美国法律的规定,对于一项证据利用科学方法进行检验或者实验,最终是否被法庭所接受,是有着许多标准的。标准之一就是可接受原则(弗莱伊法则)。这一原则强调,一项证据利用科学方法获得是否能被接受,必须符合三个要求,即是有助的、可靠的和相关的。也就是说,这种实验必须是有助于进一步了解事实的;必须是可靠的,实验是能够重复再现的;必须是与案件相关的。

因为刚允许DNA鉴定技术应用于刑事司法,1990年之前,美国法院在审理DNA证据可采性时,主要关心的是实验过程中可能存在的问题。原有的实验室技术人员常用的检测对象是清洁样本,而不像刑事案件中送检的多为受污染样本。所以,在DNA鉴定过程中,样本处理和执行过程往往成为检验该DNA证据是否可采的关键问题。在1989年以前,大多数美国法院所裁判的对象都是使用RFLP法所得的DNA比对结果,因为当时PCR的方法并不普及。1989年,美国境内有三家主要的私营实验室提供DNA比对服务,分别是细胞标记诊断公司、生命密码公司和希得公司,这三家公司分别使用不同的方法提供DNA比对服务。就刑事司法部分而言,细胞标记诊断公司和生命密码公司使用的方法都是RFLP法,而希得公司则是使用以PCR为基础的方法提供服务的。正因为两家都是使用RFLP法,以PCR法得到的DNA证据在法院被采信的不多见,但并非没有。

———————————
①参见赵兴春编著:《DNA作证》,北京:群众出版社,2006年版,第44—50页。

虽然在卡斯特罗案中,法院否定了DNA证据的可采性,但并不是说DNA证据本身就是一个不被许可的证据,只是在该案中生命密码公司的检验人员未能善尽责任。换句话说,卡斯特罗案中法院的意思似乎是只要完善地执行相关程序,就可以认可DNA证据的可采性。如果实验室本身的检测过程有问题的话,那么法院就会基于这个理由否定其可采性。虽然同时期绝大部分法院仍然赞同DNA证据的可采性,但这必须在实验室检测无误的前提之下。

DNA分型技术在经历了一场虚惊之后,开始面临一个问题,即对它进行改造,以确定一套标准化的操作方法,使其最终能够在不同的地方都能按照共同的标准进行检验,从而获得法庭的信赖。于是美国联邦调查局开始拟定详细的实验室规程,对进行DNA检验的实验室制定了一系列的标准,包括实验室中的房间布置、仪器要求、人员素质、检验过程中的规则等。这些要求后来被所有的相关实验室所采用,成为被整个北美各实验室使用的一个标准化系统。正由于有了这个系统,DNA检验变得更严格,也更让人放心了,同时也更有利于提高DNA实验室的检验水平。经过美国联邦调查局的改造,DNA技术虽然经历了卡斯特罗案件的打击,却反而得到了一次改造的机会,使得整个体系变得严格而有效,能够经得起任何人的质疑[①]。

3.2.2 刑事DNA检验标准和质量控制措施

案例3-7:

1990年,美国俄亥俄州桑达斯基镇的居民戴维被人杀死在自己的汽车里。据目击者描述,当时戴维正准备驾驶他的汽车离开路边,这时突然冲上来两辆汽车,从车上冲下来三个携带枪支的强壮男青年,他们用枪打死了戴维。警察发现戴维的确是被枪击身亡,身上有十多处枪伤。通过现场勘查,发现在戴维汽车后座上方的车顶部位也有一处血迹,这处血迹似乎难以用戴维受伤所遗留来进行解释,因为这处血迹距离戴维所在的位置很远,而且血迹遗留的面积比较大。通过对车内血迹进行血

---

①参见赵兴春编著:《DNA作证》,北京:群众出版社,2006年版,第50—52页。

型鉴定,发现汽车后座上方顶部的血迹不是死者戴维的,而是他人的。根据现场测量的结果分析,很有可能有一发子弹在击中死者之后,飞到汽车前部的硬物上反弹回来,将站在死者身后的罪犯击中,使这个人受伤从而留下了血迹。通过DNA检验发现,这是一名叫史蒂文斯的男子所遗留的血迹。开庭后,辩护方首先针对DNA证据展开进攻,他们认为DNA检验过程是不符合科学程序的,并要求得到整个DNA检验过程的详细资料。辩护方五位专家证人经过审查发现,整个检验记录完整,全部实验过程从头到尾毫无瑕疵。于是他们将目光对准了检验所遵循的标准,希望从标准上打开攻击的缺口。他们认为整个鉴定所依据的标准不明确,存在大量的遗漏,而且在实验中没有质量控制措施。最终,法官虽然接受了DNA证据,但认为DNA检验存在不完善的地方[1]。

这一案件所引发的关于DNA检验标准完整性以及对检验中质量控制措施的质疑、争论,使得联邦调查局的DNA鉴定专家有了继续努力的方向。对于DNA证据的解释或者说对于DNA证据的作证能力,论战主要集中在DNA证据的统计学概率计算上。也就是说,如何计算DNA分析中的统计概率问题是当前最需要统一或者进行规范的事情。美国国会技术评价办公室发布了一份报告,继续推荐DNA鉴定技术在法庭上使用,但是对于DNA鉴定技术的统计学概率计算问题,则有两种不同观点。DNA鉴定概率计算最直接的目的就是证明两个样本出自同一个体的可能性到底是多大,换句话说,就是证明犯罪现场DNA样本来自犯罪嫌疑人的比对样本的可能性到底有多大。一般来说,DNA检验中会使用很多基因位点,每个个体的基因位点并不都一样。在检测一个样本的时候,如果这一样本在所有的位点上都与另一个样本一致,那么这两个样本就有很大可能是源自同一个个体的,但是具体的概率则需要用一个数据来描述,这个数据如何得来呢?这就需要发现样本包含的所有位点的各个表现特征,每一位点的每一特征都有在人群中出现的概率,将所有这些特征的出现概率相乘,最后所获得的概率就是两个样本相同时具有同源性的概率,也就是法庭上的DNA证据中所显示的让人瞠目结舌的数字。

---

①参见赵兴春编著:《DNA作证》,北京:群众出版社,2006年版,第57—65页。

对于各个位点的特征在人群中的出现频率,有两种截然不同的观点。一种观点认为,在一个小群体和一个大群体中,各个特征点的出现频率具有很大的差别。也就是说,在小群体中,某一特征出现频率非常高,而在大群体进行统计的时候,这个特征或许就不那么容易出现,其显现的频率就小得多,这必然会影响到最后的计算结果。如果进行同样一项检验,在分析结果的时候,不同的人由于引用的群体统计概率不一样,最后计算出来的结果就会不一样,而且可能存在很大的差距。另一种观点认为,这种担心是没有必要的。他们不否认,在不同的群体中各个位点的特征出现的频率计算数据不一样,但是由于目前的计算方法较为保守,并不是寻求最具特异性的数据作为最后计算的依据,所以在计算过程中,不同的频率计算数据在使用现有的方法过程中完全得到了平衡,所以不会出现差距很大的计算结果,导致人们不能接受。最后,这两方的观点在美国国会组织的评价技术工作组上达成一致——使用频率计算的时候使用区间上限原则。也就是说,尽可能使用最大的频率数据,最后获得的结果也就是可能性最小的结论,这样就避免了可能误导陪审团的影响因素。1992年4月,美国国会发布了关于在法庭中使用DNA鉴定技术的报告。该报告赞成在法庭中继续使用DNA鉴定技术,继续推动DNA鉴定实验室的标准化,并实行强制性的评审和考核制度。每个实验室和实验室的工作人员都要定期参加评审和考核,以确保是否具有DNA检验鉴定资格。该报告要求成立一个专家委员会提供监督和顾问咨询,负责DNA证据在法庭中使用的各项考核和技术事务。现在科学家们认为,只要是重要的DNA分型匹配是依据美国国家研究委员会(NRC)建议的统计学方法计算而得,则这一结果更容易被采纳。

3.2.3　DNA样本来源的合法化

1994年,美国辛普森杀妻案的审判,虽然没有将辛普森投入监狱,但是在所有的证据中,检方提出的DNA证据一直是最具有杀伤力的武器,无论手套上的血迹,还是袜子上的血迹,都是直接指控辛普森为杀人凶手的最重要证据。辩护律师虽然提出了DNA检验过程中的环境不合格及获得的DNA

样本本身具有可疑性来进行攻击,但对于DNA鉴定技术本身却无法推翻或质疑。当然,这个案件对刑事DNA证据的使用也提出了一个警示,那就是不仅技术本身要规范,提取DNA样本的过程也要规范化。只有DNA样本来源合法,DNA证据本身才能具有证明价值[①]。辛普森杀妻一案,使本来可以大放异彩的DNA证据最后没有发挥应有的作用,这似乎让反对DNA鉴定技术的人找到了攻击的借口。但毕竟在该案中是刑事检验人员犯了"马大哈"式的错误,并不是DNA鉴定技术本身存在缺陷。因此,今后只要在DNA检测中严格遵循已经颁布的操作规则,并进一步完善DNA样本的现场提取制度,DNA鉴定技术继续获得法庭认可将是必然的。此时,美国DNA鉴定技术检验人员已经意识到,DNA检验技术的标准化至关重要,只有整个检验技术都实现了标准化操作,才能够经受住那狂风骤雨般的辩护人和专家证人的质证,也才能让陪审团成员信任DNA鉴定技术的可靠性,使刑事DNA证据真正成为"证据之王"。

---

①参见[美]科林·埃文斯著:《证据:历史上最具争议的法医学案例》,毕小青译,北京:生活·读书·新知三联书店,2007年版,第309–330页。

4 刑事DNA样本采样、分析与基本人权保障

4.1 刑事DNA样本采样

4.1.1 刑事DNA样本采样的概念和价值

何为DNA样本？大多数国家采取列举的方式进行立法。美国《联邦证据规则》则对DNA样本进行了概念界定，指出DNA样本是实施DNA分析的个人组织、流动体或是其他的身体样本，DNA样本包括口腔棉棒、毛发、唾液、血液及尿液等。

刑事DNA样本采样是指在刑事诉讼过程中，为确定被追诉人的身份和收集犯罪证据，而从被追诉人的身体或犯罪现场等提取DNA样本的行为。刑事DNA采样的生物样本主要有血液、毛发、口腔黏膜细胞、唾液、精液等。进行刑事DNA采样的主要目的是提取被追诉人或第三人的血液、毛发、口腔黏膜细胞、唾液、精液等体液或细胞中的细胞核DNA，并对DNA样本进行分子遗传学分析，将分析结果和DNA资料库中的个人基因信息或犯罪现场提取的基因信息进行比对，以达到个人身份识别和确定亲缘关系的目的。譬

如,在性犯罪案件中,可以通过采集被害人体内犯罪嫌疑人遗留下的精液,提取其中的DNA样本,然后进行分子遗传学检测和分析,并将分析结果与DNA资料库中的个人基因信息进行比对,以确定被追诉人的身份[①]。

案例4-1:

2000年深秋的一天,某市公安局管辖区域内发生一起凶杀案,被害人为女性,已死亡。警方勘查案发现场时,只找到一块有微量血迹的棉质地布,立即将被害人血样和现场提取的布料送至某省公安厅技术科进行同一性认定。由于条件限制,只能做ABO血型检验,结果两份样本都是A型。破案组的同志们陷入了深思,现场布料上的血迹究竟是谁遗留的呢?因为从现场勘查结果分析,被害人系他杀,现场零乱且有搏斗痕迹。破案组的同志们经过几个月的艰苦排查,终于发现有一张姓男子疑点最多。经研究,决定将张某拘留审查,可是张某拒不交代,于是办案人员提取张某的血样,连同现场提取的布料一并进行DNA鉴定。

检验结果如下表:

检测系统	布上血迹	张某血样
D3S1358	15/15	15/15
vWA	14/17	14/17
FGA	19/21	19/21
D8S1179	12/13	12/13
D21S11	30/31	30/31
D18S51	15/15	15/15
D5S818	10/10	10/10
D13S317	10/11	10/11

[①]参见刘广三,汪枫:《刑事DNA采样和分析中的法理思考》,载《法学杂志》,2015年第3期。

（续表）

检测系统	布上血迹	张某血样
D7S820	9/10	9/10
D16S539	11/11	11/11
THO1	6/6	6/6
TPOX	8/10	8/10
CSF1PO	12/12	12/12
Amelogenin	X/Y	X/Y

上述结果表明,被追诉人张某的血样和案发现场提取的布料上血迹检出的DNA样本的13个STR位点的基因型和性别位点完全相同,经计算其偶合率为 1.1×10^{-15}。据此可以认为,现场提取布料上的血迹为犯罪嫌疑人张某所遗留[1]。

4.1.2 刑事DNA样本采样的分类

根据不同的划分标准,可以对刑事DNA样本采样进行不同的分类。最常见的分类是根据DNA样本来源的不同,将刑事DNA样本采样分为对犯罪现场的DNA样本采样和对人员的DNA样本采样。对人员的DNA样本采样又可依据采样对象的不同,区分为对被追诉人的采样和对被追诉人以外的第三人采样。在刑事诉讼过程中,被追诉人是常见的刑事DNA样本采样对象。对第三人采样经常发生在性侵害案件中,为了厘清被害人阴道内所遗留的精液,是其配偶或性伴侣还是被追诉人所遗留,故有必要提取被害人的配偶或性伴侣的DNA样本。同时DNA是人类的遗传物质,在被追诉人下落不明的情况下,可以通过提取被追诉人血亲的DNA样本来间接确认或排除

---

[1] 参见程大霏,李莉主编:《个体识别和亲子鉴定理论与实践——典型案例分析》,北京:中国检察出版社,2001年版,第48—49页。

其涉案的可能①。

还有一种重要的分类是以被采样人是否自愿同意为标准,刑事DNA样本采样可以分为同意采样和强制采样。所谓同意采样是指经由被采样人自愿同意而进行的DNA样本采样行为。在美国刑事诉讼中,联邦最高法院认为被采样人表示同意的意思表示必须是完全自愿真诚的,而不是恐吓或骚扰所致,否则这种同意是无效的。刑事DNA样本强制采样则与同意采样不同,这种DNA样本采样行为是在被采样人不同意的情形下,由侦查机关违背被采样人的意愿所进行的强制取证行为。例如,为确定犯罪嫌疑人的身份对其进行的强制抽血、提取尿液等行为。这些强制采样行为不仅可能侵害被采样人的人身自由、安全、健康等基本人权,还有可能伤及个人尊严和DNA信息隐私权等。我国《刑事诉讼法》第130条第2款规定,对犯罪嫌疑人进行强制检查必须满足两个要件:第一,犯罪嫌疑人明确表示不配合检查;第二,根据案件的性质等情况,侦查人员自己认为有必要强制检查。但何为该条规定的"必要的时候",法律则未进行明确的界定②。

英国1984年《警察与刑事证据法》根据取得样本的权力和程序规制不同,将DNA样本分为私密样本和非私密样本,并分别进行了采样条件的规范。属于私密样本的有三类:第一类是血液、精液、组织液、尿液或阴毛;第二类是齿印;第三类是采集口腔以外人体孔穴组织的棉棒。而非私密样本则包括:阴毛以外的毛发;取自指甲或指甲下的样本;采集人体任何部分组织的棉棒,含口腔,但不包括其他身体孔穴;唾液;足迹或手部以外人体任何部分的类似压印。

一般来说,用于犯罪侦查目的的DNA样本可能有五种:第一,犯罪嫌疑人样本,此种DNA样本是在案件侦查过程中从犯罪嫌疑人身上采集而来,可能是犯罪嫌疑人自愿提供,也可能是其在法院命令要求下所提供;第二,排

---

①参见刘广三,汪枫:《刑事DNA采样和分析中的法理思考》,载《法学杂志》,2015年第3期。

②参见刘广三,汪枫:《刑事DNA采样和分析中的法理思考》,载《法学杂志》,2015年第3期。

除样本,此种DNA样本仅单纯用以确认个人是否为犯罪嫌疑人;第三,受害者样本;第四,犯罪者样本;第五,自犯罪现场或物证(如衣物、凶器)上收集到的犯罪证据。其中,第一至第四种DNA样本均系由人身体上采集,又称为受采样者样本,与第五种DNA样本来源不同。我国台湾地区《去氧核糖核酸采样条例》第3条第2款将DNA样本仅界定为采自人体的样本,并不包含自犯罪现场收集的DNA样本。

根据刑事DNA样本采样目的不同,刑事DNA样本采样可以区分为:个案调查性DNA样本采样和建库性DNA样本采样。个案调查性DNA样本采样是在具体刑事案件中为确定被追诉人和第三人的身份而进行的刑事DNA样本采样,DNA样本分析结果只对本案件的处理有效。建库性DNA样本采样是为了建立相关DNA数据库而进行的刑事DNA样本采样。例如,1995年4月,英国开始建设国家DNA数据库,英国是世界上第一个建立法庭科学DNA数据库的国家,同时也是应用DNA数据库效果最好的国家。从1996年起,我国的DNA犯罪基因库也在逐步建立中[①]。

DNA采样的特殊类型——撒网式检验DNA。撒网式检验DNA首现于1987年的英国。当时英国两名十多岁的小女孩被性侵害,案发现场遗留少量DNA样本,警方未发现特定的犯罪嫌疑人,万般无奈之下,警方对该地区4000名男性进行抽血检验DNA,但未能发现犯罪嫌疑人。后来一位酒吧女服务生在工作中听到有人说他替朋友科林去抽血,因而查获犯罪嫌疑人科林。后来类似的案件被称之为撒网式检验DNA。继上述案件之后,英国至少有四件案件进行了撒网式检验DNA,其中1998年冬天,沃灵顿地区警方在调查一件刚出生女婴被勒死的案件中,曾对一百多名女同学检验DNA。

1995年,美国密歇根州警方为了追查一名连环奸杀案的犯罪嫌疑人曾进行撒网式检验DNA。在美国学术界,对撒网式检验DNA是否违反了联邦宪法第四修正案的规定存在较大争议。反对者认为撒网式检验DNA的方式侵犯了联邦宪法第四修正案所保障的民众的隐私权。理由如下:第一,不具

---

① 参见侯一平主编:《法医物证司法鉴定实务》,北京:法律出版社,2013年版,第262—264页。

备相当理由的个别怀疑。虽然警方可能可以指出足以怀疑嫌犯属于某嫌疑群体之中，但并未指出与犯罪有关的证据可能在某一个个人身上被发现，此即不符合美国实务认定搜查须具有相当理由中之不法个别怀疑的要素。第二，撒网式检验DNA的目的仅在于调查犯罪，为了调查犯罪以外的事由且具有政府的特殊需要时，才可以进行大规模无犯罪嫌疑的搜查。在Skinner案中，美国联邦最高法院指出，联邦法规规定政府为了了解铁路员工在值班时是否存在服用禁药或饮酒的情况时，在无司法令状、相当理由及对个人无个别怀疑的情形下，对与事故相关的员工采集血液、呼气和尿液，并不被认为属于违法情形。法院认为此种情形下，政府不是为了调查犯罪和起诉员工的目的，而是为了保护公共利益，有调查铁路事故及预防伪证的特别需要。相较于公共利益保护的需要，此种侵入人体抽血检验的行为对隐私权的侵犯极为微小，故不要求具备个别怀疑的要求，只要政府特别需要（调查犯罪属普通需要）便使搜查合法化，故不需要具备宪法第四修正案要求的令状或相当理由的条件。第三，经同意检验DNA。撒网检验DNA一般经过被采样人的同意后才进行，属于任意侦查措施。在Florida v. Bostick案中，美国联邦最高法院认为遭执法人员恐吓或骚扰而取得的"同意"不构成真正的同意。被追诉人经执法人员强迫的"同意"不符合自愿要件。在马里兰州大规模采验DNA案中，参与人均在警察局接受询问，并被按指印、照相、取唾液和签署同意书。事后两名医院维修人员在工会陈述时表示他们有被强迫的感觉，包括被隔离在不同的房间，并被要求提供书面陈述。一名代表表示，他们被要求提供DNA样本，但并未被告知是否提取其DNA样本。在英国，对犯罪嫌疑人进行询问及检验测试的情形，均由侦查员到被访者门前进行，因此，被强制或胁迫的情形明显轻微。在英国由于严重暴力犯罪情形较少，文化同质性较高，因此，民众对不佩带武器到家中询问的执法人员比较愿意配合，不存在被强制之感①。

---

①参见朱富美著：《科学鉴定与刑事侦查》，北京：中国民主法制出版社，2006年版，第288-291页。

4.2 刑事DNA样本采样与身体权

4.2.1 身体和身体权

法学意义上的身体专指自然人的身体,是自然人生理组织的整体,包括两部分:一是主体部分,二是附属部分。主体部分是人的头颅、躯干、肢体的总体构成,包括肢体、器官和其他组织,是身体的基本内容。附属部分如毛发、指甲等附着于身体的其他人体组织。身体虽然由各个组成部分构成,但它是一个完整的整体。身体具有完整性和完全性的基本特征。破坏了身体的完整性和完全性,就破坏了身体的有机构成①。

身体权是一种公民的基本人格权,表现为自然人对于物质性人格要素的不转让性支配权②。德国著名历史法学派法学家黑格尔是人格权理论的发展者,黑格尔认为人格权是人类最首要和最主要的私权,并认为这种权利是人类所拥有的最高利益,他将这种权利与人的生存条件,如生命、身体和生理的不可侵犯性、自由和名誉等等量齐观。德国法认为人格权不仅是私法上的权利,同时也是一种宪法权利。《德国基本法》第2条对个性自由发展、生命权、身体不受侵犯、人身自由进行了法律规范,其第2款规定,人人享有生命和身体不受侵犯的权利。只有根据法律才能干涉这些权利。法国法关于人格权保障的宪法基础是1789年的《人权宣言》。《法国民法典》第16-1条到第16-9条均为传统意义上身体权的规定,概言之,人的身体不可侵犯,人体及人体所出之物和人体各组成部分,均不能成为财产权的标的。普通法中没有身体权与健康权的法定权利概念,即使有此术语亦多为一般用语,但这并不代表普通法国家不重视对这些权利所体现的人格利益的保护。相反,普通法国家的法律制度很早就开始关注如何维护人身体的完整性、支配

---

①参见杨立新著:《人身权法论》,北京:人民法院出版社,2002年版,第397页。

②参见刘广三,汪枫:《刑事DNA采样和分析中的法理思考》,载《法学杂志》,2015年第3期。

性以及保持生理、心理健康状态等问题,最早可追溯到13世纪的令状制度①。

4.2.2　刑事DNA样本采样对身体权的侵害

身体权是身体采样最直接侵害的权利,但并非每一种样本的采样都涉及侵害,如自然脱落的毛发等。在德国,身体权的宪法依据是《德国基本法》第2条第2款,人人有生命与身体之不可侵犯权,个人之自由不得侵犯,此等权利唯根据法律始得干预之。另外,《德国刑事诉讼法》第81a条至第81c条亦有相关条文进行法律规范。所谓身体不受侵犯权包括外在之形体与内在之器官、组织。从肉体层面而言,是指每个人有主张其作为人、作为延续生命之物理及生物基础之肉体与健康不受伤害的权利;从精神层面言之,是指人在心理、精神上对其身体有不受外在操控的主体地位②。此身体自主性属于人格中自我形塑表现应不受伤害;至于心理、精神受到伤害,必须该伤害危及健康,方属对身体造成伤害,需要客观科学根据。

身体权是人人所享有的保持身体的自主性和完整性的权利。从狭义的方面来看,是人人享有保持外在形体和内在器官、组织自主完整的权利。人作为生命的物理生物基础的肉体是不受伤害的,公民享有保持其躯体、四肢完全或洁净,不受他人伤害、任意使用或侵害的权利。在刑事诉讼过程中,为了达到惩罚犯罪的刑事诉讼目的,有必要对被追诉人或第三人进行DNA采样。不论采集的是血液、唾液、精液、毛发等何种身体物质,其采样过程均涉及对被追诉人和第三人身体完整性的侵害,而对公民权利的侵害必须有法律的明确授权。因此,我国立法机关有必要修改现行《刑事诉讼法》,在惩罚犯罪和保障人权之间寻求价值平衡,对刑事DNA强制采样程序进行法律规范,以免犯罪嫌疑人和第三人受到过度人权侵犯。对于侦查机关不遵循法律规范所取得的刑事DNA证据,不应被法官采纳为不利于犯罪嫌疑人、被

---

①参见刘广三,汪枫:《刑事DNA采样和分析中的法理思考》,载《法学杂志》,2015年第3期。

②参见杨雄:《刑事身体检查制度的法理分析》,载《中国刑事法杂志》,2005年第2期。

告人的证据[①]。

4.3　刑事DNA采样与人身自由权

4.3.1　人身自由权

自由源于拉丁语libertas,原意是从被束缚中解放出来。自由权是公民在法律规定的范围内,按照自己的意志和利益进行行动和思维,不受约束、控制或妨碍的权利。人身自由权属于何种权利存在不同学说。侵害自由权所侵害的客体是人身自由权,包括公民人身自由权和公民精神自由权。所谓人身自由权是指公民按照自己的意志和利益,在法律规定的范围内作为和不作为的权利。人身自由权是公民自由支配自己外在身体运动的权利。非法限制或剥夺公民的身体自由为侵权行为。精神自由权也被称为意志决定的自由,是公民按照自己的意志和利益,在法律规定的范围内,自主思维的权利,是公民自由支配自己内在思维活动的权利。侵害精神自由包括两种类型:一是欺诈胁迫,二是虚伪报告及恶意推荐。人身自由权是除生命权之外的最基本权利。根据国际人权公约的相关规定,人身自由权包含以下内容:第一,不受任意逮捕或拘禁的权利;第二,不受酷刑和其他非人道待遇的权利。

4.3.2　刑事DNA样本采样对人身自由权的侵害

我国《宪法》第37条规定:"中华人民共和国公民的人身自由不受侵犯。任何公民,非经人民检察院批准或者决定或者人民法院决定,并由公安机关执行,不受逮捕。禁止非法拘禁和以其他方法非法剥夺或者限制公民的人身自由,禁止非法搜查公民的身体。"《德国基本法》第2条第2项规定,人身自由不可侵犯,只有根据法律才能干涉人身自由权。根据其规定,对公

---

①参见刘广三,汪枫:《刑事DNA采样和分析中的法理思考》,载《法学杂志》,2015年第3期。

民的人身自由进行限制或剥夺必须依法定程序始可为之。《德国刑事诉讼法》被称为《德国基本法》的实施法,其中规定,侦查机关为了查清案件真相,必须在保障被指控人的尊严和基本权利的情况下进行。在刑事诉讼活动中,为了发现真相而对犯罪嫌疑人或被告人进行刑事DNA样本强制采样,除被拘留或逮捕者外,对于其他人身自由未受限制的公民来说,在采样过程中必然会限制其人身自由。例如,通知被追诉人于特定时间到警察机关接受唾液采样或到医院接受抽血采样等都会对其人身自由造成侵犯。

　　在美国刑事司法实践中,同意采样必须出于被追诉人完全自愿的同意,而不是胁迫、欺诈的结果,否则,即侵犯了被追诉人的精神自由权,属侵权行为,其所得的证据不具有合法性,应予以排除。笔者认为,根据我国《刑事诉讼法》的规定,对被害人的采样必须出于被害人自愿的同意,对这种同意的理解应是出于被害人完全自愿的理解和接受,而不应有任何身体上的强制和精神上的强迫。所谓身体上的强制譬如强制将被害人带至医院接受采血等,而精神上的强迫是指侦查机关利用威胁、欺骗等非法方法妨害了被害人自主判断其是否接受采样的自愿性。无论是通过身体上的强制,还是精神上的强迫所得的刑事DNA证据皆没有证据资格。

4.4　刑事DNA样本采样与反对强迫自证其罪特权

4.4.1　反对强迫自证其罪特权

　　自从美国联邦宪法第五修正案确立了反对强迫自证其罪特权之后,美国联邦最高法院通过一系列判例使这一特权的内容日益丰富和具体化。随着时间的推移,第五修正案确立的这一特权成为美国刑事诉讼制度的根本支柱。不论是州政府还是联邦政府,应依据宪法,通过独立自主获得的证据来认定案件事实,而不应强制性地利用被追诉人来证实针对他的指控[①]。反

---

　　①参见[美]约翰·W·斯特龙主编:《麦考密克论证据》,汤维建等译,北京:中国政法大学出版社,2004年版,第233页。

对强迫自证其罪不仅体现了无罪推定原则的精神,还符合程序正义的要求。所谓无罪推定是指犯罪嫌疑人未经法定程序判决有罪之前,应当假定或认定其为无罪。无罪推定原则要求在刑事诉讼中把被追诉人视为诉讼主体,并且享有相应的诉讼权利,以保护被追诉人免受专横的刑事追究。在刑事诉讼中,证明被追诉人有罪的只能是控诉机关,控诉机关必须用确实充分的证据来支持其对被告人的指控,而被追诉人不负有提供证据证明自己无罪的义务。

反对强迫自证其罪特权,不仅仅是一项证据规则,更是一项人权原则。个人的尊严和隐私受到保护是促使该原则产生的重要因素。法治社会的基本特征之一是个性自治,即个人有权独立自主地决定自己的道德发展,在法律规定的限度内,自由决定做什么或不做什么,政府无权干涉。这种个人自治的信念是出于自我保护的本能。自我保护的人性是正当合法的,因此一个人出于自我保护的目的而不进行自我控告、拒绝为证明自己的罪行提供证据也是完全正当合法的。要求一个人自己控告自己、自己提供证据证明自己有罪,受到惩罚,无疑是违反基本自然法则,违反人性的。因此,在刑事诉讼中,被追诉人的自主权应当受到尊重,他们可以自由选择其态度,决定是否与官方合作,而不能被强迫予以协助。

4.4.2 刑事DNA样本采样与反对强迫自证其罪特权保障

反对强迫自证其罪判断的关键在于是否存在强迫,因为这是判断证据是否具有合法性的基础,如果自证其罪的证言是自愿作出的,则该证词是合法的,是可以被采信作为证据的。一般来说,物证不受反对强迫自证其罪特权的保护。有学者认为反对强迫自证其罪特权所保护的证据对象仅限于言词证据。在物证中,对于利用被告人的身体获得的证据如何处理,存在较大的分歧。十九世纪晚期和二十世纪早期许多法院认为,把被追诉人的身体作为物证使用实际上就是强迫被追诉人作为自己的证人[①]。但这种观点受

---

①参见[美]阿希尔·里德·阿马著:《宪法与刑事诉讼:基本原理》,房保国译,北京:中国政法大学出版社,2006年版,第119页。

到了质疑,美国一些法院承认这种证据,法院在被告人是否能被强迫经受身体检查、提供脚印或指纹或向陪审团展示自己等问题上存在分歧,法院为排除或采信这些证据规定了许多原则。

1966年的Schmerber v. California一案中,美国联邦最高法院提出了一个彻底的主张,需要通过对证人的界定允许采信可靠的物证,并且在言词证据和物证之间作出明显的区分①。在该案中,当被告人在医院对因交通事故造成的伤害接受治疗的时候被逮捕。一名警察指令医生提取被告人的血液样本,分析酒精浓度,表明被告人是喝醉酒的。该分析报告在审判中被使用,被追诉人由于醉驾而被定罪。法院认为,不得强迫自证其罪特权保护被追诉人仅仅是免于被强迫反对自己而作证,或者提供别的具有言词性或信息性的证据,这个案件中的抽血和分析报告的使用问题,并不包括对于这些目标的强制。

笔者认为,确立反对强迫自证其罪原则的目的是防止被追诉人作出虚假的于己不利的证言,从而发生冤假错案。以被追诉人的身体作为DNA样本采集的来源,并不会因此产生认定案件事实错误的危险。在现代刑事诉讼中,采集被追诉人的DNA样本可能是唯一侦破案件的方法,因此,在查明案件事实真相和保障被追诉人的人权之间应向前者倾斜。

4.5 刑事DNA样本采样与隐私权

4.5.1 隐私权

美国法中的隐私权与联邦宪法第四修正案可以说是相互配合、一同发展出来的权利类型,原则上来说,搜查行为所侵犯的权利类型就是隐私权。而判断政府行为是否构成搜查,最重要的标准是争议行为是否侵犯了隐私权。所谓搜查必须发生社会认可的合理的隐私期待被侵害。

---

①参见徐磊著:《污点证人制度研究——以美国为蓝本兼及中国污点证人制度构建》,北京:中国人民公安大学出版社,2016年版,第151页。

美国法中,对于侵害隐私权的判断标准经历了两个阶段,早期判断标准认为是对物理空间有形物的侵害,并进而构成联邦宪法第四修正案所规范的搜查。当时的观点认为,必须构成物理性侵害,如身体、住所、文件等联邦宪法第四修正案明文规定的类型。但后来美国联邦最高法院认为,受联邦宪法第四修正案保护的是合理的隐私期待,必须在受到侵害的对象满足此标准时才会受联邦宪法第四修正案保护。

何为合理隐私期待?基本上有两个判断标准:第一,受侵害者必须主观上有隐私期待存在;第二,此种主观的期待必须是就社会观念而言的。此观点后来支配了美国法院有关隐私权的认定。美国联邦最高法院之所以在Katz v. U.S.案中发展出合理隐私期待这一实质性判断标准,是为了对窃听行为予以法律规制,以对抗政府行为的扩张。

4.5.2 刑事DNA样本采样与隐私权保障

人的身体是个人隐私的重要领地,身体的"流体(如血液)"和"组织(如肝脏)"是一个人的生理"图书馆",从这些流体和组织中可以发现大量关于人体的信息,因而对人身的伤害或检查必然要影响到个人隐私的实现[①]。在判断DNA样本采样行为是否构成美国联邦宪法第四修正案规定的搜查时,基本上无论采取之前的物理性侵入标准或之后的合理隐私期待标准,只要是为了DNA检测的目的,侦查机关所为的DNA样本采样行为都被认为属于宪法第四修正案规定范围。在肯定了DNA样本采样行为属于搜查行为后,接下来要讨论的是进行DNA样本采样时是否符合联邦宪法第四修正案的相关要求。按照通说观点,联邦宪法第四修正案对于搜查的限制分为两方面:第一,必须具有相当理由;第二,搜查必须取得法官的司法令状。

1966年美国的Schmerber v. California一案,被告人酒后驾车,警方要求对其抽血以进行酒精检测,但被告人拒绝。后在被告人清醒状态下,警方强制被告人由医师抽血。被告人后来主张警方的强制抽血行为违反了美国联

---

①参见[美]阿丽塔·L·艾伦,理查德·C·托克音顿著:《美国隐私法:学说、判例与立法》,冯建妹,石宏,郝倩等译,北京:中国民主法制出版社,2004年版,第47页。

邦宪法第十四修正案正当法律程序的规定,侵犯了第五修正案反对强迫自证其罪特权和第四修正案不受不合理搜查、扣押的宪法权利。对于联邦宪法第四修正案,多数见解认为,其保护对象是个人的隐私权免受国家无令状和不合理的侵害,但是此条限制对象只限于搜查和扣押行为,因此,必须先认定警方的行为属于搜查或扣押,才能进一步适用第四修正案的规定。法院认为该案中对被告人强制抽血属于一种搜查行为,因此可以受到第四修正案的保护。由于第四修正案要求国家在搜查时必须依据令状,而令状的签发必须有相当理由存在,但是本案中警方对被告人强制抽血并没有任何令状。法院认为此案属于特定情况下的无令状搜查,因为如果警方当时不立即抽血,该证据可能会消失,所以警方的行为并未违反宪法第四修正案的规定。

就目前美国各州实际情况来看,全美五十个州已经全部对DNA数据库进行了相关立法,DNA数据库的立法中包含对犯罪嫌疑人进行DNA样本采样的授权依据。如马萨诸塞州立法规定,DNA样本采样的理由:第一,推测或发现犯罪活动;第二,为犯罪的侦查或指控的需要,而确认或排除犯罪嫌疑人的刑事责任;第三,寻找失踪者。因此在采集犯罪嫌疑人的DNA样本时,常直接引用该州立法,而没有直接依据美国联邦宪法第四修正案的规定。

4.6 刑事DNA分析与基因隐私权

4.6.1 刑事DNA分析

刑事DNA分析是由鉴定人基于其特有的专业知识、经验、技能等,以专业鉴定书或言词陈述提交于法庭,以协助法院认定被告人是否有罪的活动。刑事DNA分析的对象是通过上述DNA样本采样方法所获得的DNA样本,如血液、唾液、精液或组织细胞中的细胞核DNA,其主要目的是确认犯罪现场提取的DNA样本是否为犯罪嫌疑人或被告人所遗留,即同一性确认。

德国实务界和学术界通常认为刑事DNA分析和比对是一种对信息自决权的侵害行为。因此,要进行DNA样本分析,原则上必须得到法律的授权。按照德国法通说的见解,对于依据《德国刑事诉讼法》第81a条、第81c条所取得的DNA样本进行分析,仅限于非编码区的分析,而不包括编码区,因为对于编码区的分析会侵害人格最隐秘的内在领域。但从法条规定来看,并没有明文规定限定于非编码区,之所以没有在法条上明确规定限于非编码区是因为不想限制对DNA检测的其他可能性。但就目前而言,只允许对非编码区进行检测分析,以进行同一性认定。

4.6.2 基因隐私权

基因技术的发展不仅可以探知人的个人身份,还可以探知其健康信息、家族信息和个人行为信息等。"刑事人类学派"龙布罗梭即提出所谓的"天生犯罪人",例如研究发现,人的暴力倾向与控制大脑复合胺新陈代谢的MAOA蛋白质的基因有关。基因信息能够预测个人未来生理状况。一般信息是关于过去的,基因信息则不同。通过对基因信息的分析,我们不但能够解释过去,而且能够预测未来。只要掌握一个人的基因,就犹如掌握一个人未来的日记[1]。

基因信息攸关个人和他人的关系。根据已知的基因信息和一定的社会关系,可以推知他人的基因信息。由于基因决定着遗传性状,基因具有遗传的可能性,从而分析一个人的基因信息,可以推断出其一定范围内的血亲的相关基因信息。这样,一个人的基因信息所揭露的不仅仅是他本人的健康状况,还可能透露与他有血缘关系的人的健康状况,如父母、子女、兄弟姐妹等。因此如果某一个人携带有变异基因的信息被泄漏,不仅该个人,该家族的其他成员也可能受到社会的基因歧视。所谓基因歧视是指仅以基因的不同就给予不合理的差别待遇。由于基因对人类的行为有某种程度上的影响,其除了产生人的眼睛、双脚、内脏等器官之外,还在人类的行为的各个方

---

①参见王志刚著:《DNA证据的应用与规制》,北京:知识产权出版社,2015年版,第76页。

面都具有某种程度的影响力。一个人所拥有的基因及其相关信息即是基因信息。

《欧洲保护人权和基本自由公约》第8条第1款规定了公民私生活受尊重权,即人人都有要求其私人和家庭生活、家庭和通信受到尊重的权利。此规定乃该公约中最具开放性的规定之一。私人生活受尊重权乃一个人依其所欲享有的隐私权、生活权而获得的,并免受公众侵害的权利。DNA样本不仅属于个人资料,且为重要个人资料。英国上议院黑尔男爵法官认为,DNA样本不是基于它们作为如口腔棉棒、头发或其他之物的固有价值而被保存,它们被保存,是因为它们内在独特的基因密码。欧洲理事会中的欧洲部长委员会也特别对DNA分析在刑事司法系统内的使用作出建议书,重点内容包括DNA样本与DNA档案的使用,为了DNA分析而进行的DNA样本收集,DNA样本与资料的储存等。

4.6.3 刑事DNA分析与基因隐私权保障

2003年10月16日在巴黎会议上通过的《国际人类基因数据宣言》(简称IDHGD)宣示,承认人类基因资料具有特殊地位,因为其可预示个人的基因,且可能对家庭及后代,甚至对整个相关群体产生重大影响;对人类基因资料的采集、处理、使用等,对人权与基本自由和人性尊严有潜在的风险;个人利益和安全应优先于社会和科学研究的权益。IDHGD的基本宗旨是:在平等、公正、团结互助的前提下,在采集、处理、使用和保存人类基因数据时,确保尊重人性、保护人权和基本自由,并兼顾思想和言论自由。但该宣言不适用于对犯罪侦查、起诉及亲子鉴定。

人身检查的授权是否已经包含DNA的检测?首先要解释的是这个问题本身。以采集血液样本为例,采集血液样本本身并不是主要目的,采集血液样本主要是为了对其进行生物学检测分析,以达到查清案件事实的目的,例如借由被告人血液样本与现场血液样本的血型比对,推论或排除犯罪嫌疑人。正是因为如此,德国学者认为,采集血液样本的授权,当然包含对该血液样本进行检测分析之意,换句话说,检测是必然附随于采集血液样本,因此,只要合法取得采集血液样本的授权,当然可以对其进行检测。在DNA检测技术出现之前,上述立场难以反驳,但是随着分子生物学技术的发展,整个问题的方向可能发生改变。

DNA检测技术带来了革命性的发展。一方面,这项技术对物证个性化作出了莫大的贡献,但另一方面,它也提供了许多超乎物证个性化目的的信息。通过对人类DNA信息的破译,可以揭示出人类的更深层的个人隐私信息,如某些生理缺陷、我们的父系和母系的遗传特征等。总的来说,通过DNA检测分析,政府机关也掌握了"上帝发给被告人的身份证",这种对公民信息自我决定权的严重侵犯,已经难以从附带干预的观点来解释了。

我国台湾地区制定的《去氧核糖核酸采样条例》对侦查机关得为DNA信息干预的案件类型限定在性犯罪及重大暴力犯罪案件。既然如此,如果还认为刑事诉讼中身体检查处分的授权当然包含DNA检测,那么该采样条件的特别授权,根本毫无意义。总而言之,DNA检测已经成为刑事诉讼中不可或缺的干预手段,其对于现代刑事程序的重要性不言自明。但在立法层次上,必须重新审视DNA检测对隐私权、信息自我决定权侵犯的严重性,并且基于这种严重性而承认其干预的独立性,不能再以附带干预观点而为模棱两可的授权。也就是说,不同于一般的血型或血清检测,DNA检测不宜附带抽血或其他身体检查处分,而应特别立法并适用更为严格的干预要件,例如限于重罪及补充性原则(指非借DNA检测难以澄清案情)等实体门槛,法官保留原则的程序门槛,以及信息销毁的执行要求。

德国联邦宪法法院于1983年2月15日做出的《人口普查法》案判决中首次承认资料自决权的概念。资料自决权在德国基本法中并不是一个新生的基本权利,而是联邦宪法法院从其他判决中,进一步对一般人格权加以阐释发展而来。德国联邦宪法法院在判决中明确指出,资料自决权的法律基础是《德国基本法》第1条第1款规定的"人性尊严"和"人格自由发展"等[①]。个人资料所体现的是个人资料当事人人格尊严的一部分,它具有独立的法律利益。政府机构和非政府机构在采集个人资料,以及如何利用个人资料等

---

①参见齐爱民:《论个人资料》,载《法学》,2003年第8期。

事项时要征得个人资料当事人的同意,个人有权决定是否提供其个人资料,法律规定的特殊情况除外。

《德国刑事诉讼法》第81a条是侦查机关对被告人采集身体细胞的法律依据,但联邦宪法法院在针对1983年《人口普查法》案的宪法判决中,除判决该法部分条文不符合《德国基本法》而无效外,同时指出:第一,在现代化资料处理状况下,《德国基本法》第2条第1款和第1条第1款一般人格权包括个人保护其本人资料不受无限制地提取、储存、使用和传送,并保障个人自我决定是否透露或使用其个人资料的权利,即保障身体信息自我决定权。第二,只有为重大公共利益时才允许限制信息自我决定,且此项限制需要一项合乎宪法的法律基础,而此项法律基础必须符合规范明确性的法治国家的要求,此外立法在该规范中必须注意到比例原则,仍需就机关规定及程序规定采取预防措施,以防止人格权受到侵害。受此判决的影响,德国对于采取血液进行DNA鉴定,其信息自我决定权是否在《德国刑事诉讼法》第81a条允许采集身体细胞的限制范围内开始引起怀疑和讨论。一般而言,对于此问题,可分为两种情形,纵然强制采集犯罪嫌疑人的血液而实施DNA鉴定是为了个体的同一性识别,但因DNA鉴定以染色体中可以读取遗传信息的区域为对象,其已侵犯了《德国基本法》保障的人性尊严,从而违反《德国基本法》第1条第1款,不在《德国刑事诉讼法》第81a条允许的范围之内,但对于染色体无记录遗传信息的部分进行鉴定分析尚存在争议。因此对于比血型鉴定更敏感,可进一步透露出亲子关系或遗传病的个人遗传信息的DNA鉴定,《德国刑事诉讼法》第81a条至第81d条是否满足《人口普查法》的保障信息决定权的要求即生疑义。为免滥用,德国乃有另外订立法律要求的声浪,在1997年增订《德国刑事诉讼法》第81e条DNA分析和第81f条DNA分析的命令和实施,1998年增订《德国刑事诉讼法》第81g条,为将来在刑事程序中进行同一性比对所进行身体细胞及分子遗传学检查的规定。

DNA分析是以从人类细胞核抽取的DNA为样本进行的分子遗传学检查。这种分析方法是为了确认或排除犯罪嫌疑人而特别许可的自然科学检验方法,德国经历将近十年的讨论后才增订了刑诉法第81e条,并于1997年立法通过。在德国,经过多年对判例的研究,实务界和学术界大多认为《德国刑事诉讼法》第81a条是对身体细胞进行检查的法律基础,至少是对其中非密码区(未记载遗传情报)进行检测分析的立法授权。立法理由之一是公民对基因科技不安、担心人格核心利益会被过度侵害,同时也是因应联邦宪法法院前述在1983年《人口普查法》案判决的观点,故存在立法必要,为了使依《德国刑事诉讼法》第81a条、第81c条采集的身体细胞能被正当使用,才规定了第81e条(DNA分析)。第81e条对进行DNA检测分析的目的进行了规定。目的一是确定血缘关系,目的二是确定犯罪现场提取的DNA样本是否与被追诉人或被害人匹配。第81e条规定,为确定血亲关系或确认犯罪迹证是否来自被追诉人或被害人而有必要时,才得对依据第81a条第1款的方法取得的迹证物质实施分子遗传学检验。而对于依第81c条的方法取得的物质进行相同的确认,则第1句之检验亦得为之。所欲确认的事项以第1句所规定两种情形为限,不得为达成其他检查目的而进行DNA鉴定。依第1句实施检验亦得对于被发现血迹、被保存血迹或被查扣的迹证进行。第1项第3句及第81a条第3项第1句准用之。

依据德国学界通常的观点,以DNA检测分析做为检验方法并非只是辅助的,也可以做为决定性方法。其目的只能有二:第一,确定两个以上样本之间是否存在亲缘关系;第二,确认犯罪迹证是否为被追诉人或第三人所遗留。禁止进行和刑事诉讼目的无关的性格、精神分析以及疾病基因分析等。为了实现上述两个目的,除了从被追诉人身体抽取细胞或血液之外,也可以根据第81e条第3款对被发现、被保管、被查扣的迹证物质,实施分子遗传学检验。如果不是为了实现确定血缘关系或犯罪现场的生物物证出自被追诉人或被害人的目的而进行DNA鉴定,其鉴定报告是否具有证据能力?对于这一问题,德国还没有判决加以确认,一般认为违反此规定并不必然导致证据禁止的效果,而是由主审法官根据每个案件的实际情况,综合权衡各项因素进行判断,常见的权衡因素包括个人利益、追诉的必要性和对法益的侵害程度等。

相较于德国法对于DNA检测分析行为的法律规制,美国法似乎不认为这是一个很重要的问题。美国法院认为,基于个人身份识别的目的,从被采样者的样本中检测分析其遗传信息的行为只是一种微小的对被告人美国联邦宪法第四修正案所保护利益的侵害,这就和从指纹中读取信息一样。但我们至少可以认为,对于DNA样本的序列分析是一种对隐私权的侵害行为,只是美国法认为此种侵害极其微小。

　　我国《刑事诉讼法》对此问题的规定也很模糊,学术界也很少有学者来探讨这一问题。根据我国《刑事诉讼法》的规定,对被追诉人的采样,包括抽取血液、提取唾液等取证手段,是否当然包含根据这些生物性样本进行刑事DNA分析呢? 立法的规定并不明确,从刑事司法实践来看,似乎当然包括。那问题就产生了,对于因涉嫌醉酒驾驶的被追诉人强制采集血液样本后,是否也当然包括进行DNA检测分析呢? 如果答案是肯定的,那在这种情况下进行DNA检测分析与涉嫌醉酒驾驶的犯罪是否相关呢? 答案当然是否定的。因此,为了防止侦控机关滥用追诉权,有效保障被追诉人的基本人权,有必要通过立法完善相关法律规范,明确进行刑事DNA分析应有法律的明确授权[①]。

---

　　①参见刘广三,汪枫:《刑事DNA采样和分析中的法理思考》,载《法学杂志》,2015年第3期。

5　刑事DNA样本采样、分析的
法律规制

5.1　刑事DNA样本采样的法律规制

在犯罪现场,要查找、记录、收集和保存生物证据,以便随后在犯罪实验室进行分析。查找和识别生物证据比一个非专业人员想象的要难得多。例如,血液并不总是红色的,某些红色的物质并不是血液。大部分生物证据,例如唾液或者精液,并不是一目了然的①。在刑事司法实践中,发现DNA样本的方式很多,但最常见的有以下两种方式:第一种方式是对犯罪现场进行勘验,并提取内涵DNA的生物样本,如案发现场遗留的血痕、精斑、毛发等;第二种方式是对犯罪嫌疑人、被害人、第三人的人身进行检查并提取相应的DNA样本,如血液、唾液等。本书所论及的刑事DNA样本采样系指刑事DNA生物物证的提取、包装、保存至送检全过程。对刑事DNA样本采样的法律规制不仅包括对刑事DNA生物物证提取的规制、包装与保存的规制,还包括对送检过程的规制。对这一问题论述的必要性可以从美国著名的司法

①参见[美]美国国家科学院国家研究委员会著:《美国法庭科学的加强之路》,王进喜等译,北京:中国人民大学出版社,2012年版,第133页。

判例辛普森杀妻案说起。

案例5-1：

O.J.辛普森是全美无人不晓的黑人橄榄球体育明星，1985年其与白人女性妮可结婚，婚后生育一儿一女。后两人婚姻出现裂痕，随着夫妻关系的恶化，辛普森开始动手打妮可。1989年1月1日凌晨3点30分，妮可报警声称辛普森在殴打她。在妮可的报警录音带中，可以听到辛普森一边殴打妮可，一边喊着"我要杀死你"。1989年5月24日，辛普森认罪，被判两年缓刑和120小时的社区服务。1992年2月6日，辛普森与妮可正式分居。同年2月25日，妮可提出离婚申请。离婚后妮可居住在洛杉矶的一个富人社区布伦特伍德，并开始与其他男人约会，辛普森获知后非常嫉妒。1993年，辛普森与妮可又开始重新约会。

1994年6月12日10点15分左右，布伦特伍德社区的一对夫妇突然听到一只名叫阿吉塔的狗狂吠不已，后在本迪街875号公寓发现一具血淋淋的尸体，于是他们向警方报案。警察现场勘查发现两具尸体，分别为男性——罗纳德和女性——辛普森前妻妮可，两人均是被一把利器割喉而亡，从伤口情况分析，凶手的臂力惊人。妮可的脖子几乎被割断，罗纳德身中三十余刀，死于颈静脉断裂和胸腹部大出血。6月13日凌晨，福尔曼等四位白人刑警来到辛普森家（四周有围墙），他们担心辛普森也会有生命危险，但长按门铃后无人应答。于是，福尔曼沿围墙搜查发现后门旁停着一辆福特野马车，并发现驾驶员车门把手上有微小血迹。警察以为担心的危险发生了，便决定直接进入住宅，进行紧急搜查，后被辛普森大女儿告知辛普森已去芝加哥参加一场高尔夫商业比赛，随即警方通知了辛普森。福尔曼单独盘问卡伦（辛普森好朋友），卡伦说前一天晚上约10点45分，他听到客房背后一声巨响。于是福尔曼独自来到客房搜查，搜查过程中发现一只黑皮手套，检查发现上面有血迹，经过比对同案发现场的另一只手套刚好吻合。警方通过调查发现，离婚前妮可曾在曼哈顿的布卢明代尔商店购买了两副同样的手套。警方在搜查围墙前门车道时发现有血迹。经过仔细搜查，警察在前门通往住宅大门的小道上也发现有血痕，通过对犯罪现场和辛普森住宅的搜查并固定证据，警方认为已有足够的证据证明辛普森涉嫌犯罪,并向法官申请对辛普森的住宅进行搜查的授权。取得法官的搜查许可后,福尔曼警官在搜查辛普森住宅的二楼卧室时,发现一双袜子,袜子上有血迹。经冯纳特警长讯问并告知米兰达规则,辛普森表示放弃沉默权和律师在场权,辛普森表示其与本案无关,并愿意积极配合警方提供血液样品和对左手伤口进行拍照。大约在3小时后,冯纳特警长才将血样交给刑事检验员丹尼斯,当时其正在案件现场采样。6月14日,警方在辛普森的福特汽车司机座位旁的地毯、方向盘、仪表板、储藏小柜和司机座位旁边的内壁上均发现有血痕存在,并经DNA检验证明为辛普森所遗留。在司机座位旁边的部分血鞋印的血液里发现了妮可的DNA,在汽车座椅间的储藏小柜上发现的血痕中含有辛普森和罗纳德的混合DNA。警方在搜查中发现了含有辛普森、妮可和罗纳德DNA的三人混合血痕。这时,关于辛普森杀害前妻的新闻报道早已铺天盖地,成为新闻头条。

为了获得无罪判决,辛普森开始组建自己的"梦幻律师和专家团队"。克拉克检察官以辛普森犯有一级谋杀罪向法院提起诉讼,她认为现有的证据确实充分,有足够的证据说明辛普森在案发现场遗留了血迹,而且是符合作案规律的血迹带,相关证据也辅助证明了这一情况。6月20日辛普森提出一项申诉,不承认他犯有一级杀人罪。辛普森的律师提出应由洛杉矶区法院审理本案,因为在洛杉矶区中心居住的大多为黑人,这样可以使随机遴选出的陪审团主要组成人员为黑人的概率大增。

法庭审判开始后,辛普森的律师即对血迹的提取提出质疑,将检方所提出的证据一一否定。辩护方聘请的血迹鉴定专家认为袜子上的血迹形态很可疑,这只袜子左右两侧的血迹形态竟然具有高度的一致性,不符合血迹遗留的常规形成原理。不仅在血迹形态上发现了疑点,法庭审理过程中,控诉方向法庭出示的提取血袜子的现场照片的显示时间也有问题。辩护专家在检测袜子上的血迹时,发现袜子上的血迹中含有高浓度的EDTA(乙二胺四乙酸)。辩护人告知陪审团组成人员,警方在提取辛普森的血液样本时,在辛普森的血液样本中添加了这种防腐剂。同时三条位于公寓后墙的门上的血痕也被警方发现,但是对这些血痕进行检测也发现有EDTA的存在。这似乎让人感觉门上的血痕是人为制造形成的,而不是在案件发生的过程中自然形成的。冯纳特警长在提取辛普森血样后,并没有直接将样本送到就在隔壁的刑事化验室,而是将其带到了三十多公里之外的杀人现场,而且到达现场后,又过了大约三个小时之后才交给他人。在这期间,血液样本一直放置在冯纳特警长的汽车后备厢中无人看管。根据警署护士出庭作证,那天她抽取辛普森血样7.9~8.7ml,而检验使用的血液样本量几乎可以忽略。也就是说,根据目前剩余的血液样品量,大约1.4ml~2.2ml的血液样品失踪了。辩护方借此怀疑冯纳特警长携带辛普森的血样返回到第一现场,借机伪造犯罪现场。里贝里律师开始对丹尼斯的证据收集过程进行询问。丹尼斯声称,在提取现场所有血迹的时候均是其亲自按规定进行的,且佩戴橡皮手套。但里贝里律师向陪审团播放了一段警方自己拍摄的录像资料,证明并非像丹尼斯所说的那样,在提取现场血痕时均戴着手套进行操作,反而很多时候并未戴手套。在提取一处重要血痕时,丹尼斯并未亲自提取,而是由一位未获得资质的实习生提取的。随后辩方指出洛杉矶警署刑事实验室的鉴定人员训练不足,仪器设备等条件简陋,鉴定管理制度混乱,在犯罪现场采集血液样本的程序不当,所以对DNA检验结果的可靠性产生怀疑。辩护人要求声称从未歧视黑人为"黑鬼"的福尔曼出庭作证,并要求将福尔曼的歧视性录音播放给陪审团听。而福尔曼曾宣誓作证讲实话,但现在证据显示他并没有如实作证。1995年10月3日,法院公布判决,陪审团经过四个小时的讨论后认为辛普森的两项杀人罪名不成立,辛普森被无罪释放①。

虽然所有的DNA检验结果都证实辛普森有作案的可能,但具有强大实力的辛普森律师团对DNA结果提出质疑:第一,取证过程的操作不规范,未按规定佩戴手套进行DNA样本的提取;第二,用于检验的DNA血样可能受到污染;第三,提取的DNA血样没有及时送检,在高温的车内放置过久且无

①参见[美]李昌钰,刘永毅,季树仁著:《神探李昌钰破案实录②——美国世纪大审判》,桂林:广西师范大学出版社,2007年版,第12-54页。

人看管;第四,警方在现场采集的唯一一滴血迹是放置一夜风干后用一张纸包起来的,而辩方复检时发现在这张纸上有一滴鲜血的痕迹;第五,血样保管有漏洞,辛普森被警察抽去用作化验的血少了一些,有可能被人涂抹在现场的物证上;第六,警方进入辛普森住宅搜查的录像表明卧室并无血袜,但后来作记录时却有了;第七,有力的血手套证据,辛普森在法庭上吃力地把两只大手撑进显然偏小的手套表演给陪审团留下深刻的印象;第八,实验室在进行DNA操作时存在出现误差的可能性;第九,福尔曼警官的种族歧视态度,具有可能栽赃的意图;第十,丹尼斯警官工作时的马虎态度。

整个世纪大审判,虽然没有将辛普森投入监狱,但是在所有的证据中,控方提出的DNA证据一直是最具有杀伤力的,无论是手套上的血迹,还是袜子上的血迹,都是直接指控辛普森为杀人凶手的有力武器。辩方虽然抓住了检验中的环境不合格及证据的获得具有可疑性来攻击证据,但对于DNA技术却无法推翻或怀疑。这个案件给我们的警示是刑事DNA证据具有证据能力不仅要求DNA检测分析技术要规范,提取DNA样本的过程也要规范,只有DNA样本的来源合理、合法,DNA证据才能具有合法的证明价值。辛普森杀妻案所显现出来的DNA样本提取、保管、送检和检验不规范的问题,笔者认为,应建立相应的规则进行法律规制。

5.1.1 犯罪现场DNA样本提取的规制

犯罪现场是犯罪分子作案的地点和遗留与犯罪有关的痕迹和物品的一切场所。例如,杀人案件的现场会遗留许多DNA样本,如血迹、烟蒂等,这些血迹等有可能是被害人或被追诉人所遗留的。在辛普森杀妻案中,警方在辛普森的住处提取到了血手套、血袜子,在辛普森所驾驶的汽车方向盘、仪表盘、储藏柜上和司机座位旁边的内壁上,都发现有血迹的存在。

5.1.1.1 犯罪现场DNA样本的种类

前文已经论述含有细胞核的生物样本均是犯罪现场DNA样本采样的对象,包括血液、精液、唾液、毛发、骨骼、肌肉、乳汁、尿液等人体组织和人体排泄物。我国公安部颁布的《公安机关办理刑事案件程序规定》第208条规定，公安机关的侦查人员勘验的对象包括：犯罪现场、在犯罪现场遗留的致伤物等相关物品等。检查的对象包括被害人的身体状况，其中包括被害人的损伤部位、损伤程度等。对尸体进行体表和解剖检验以确定死者的损伤部位、区分生前伤和死后伤、死亡原因等。侦查人员有时也需要采集被害人或尸体的血液样本等生物样本以便进行DNA比对。我国公安部发布的公共安全行业标准GA/T 169—1997《法医学物证检材的提取、保存与送检》对法医物证检材的提取、保存和送检进行了详细的行业规范。

5.1.1.2　不同类型DNA样本提取的规制

（1）血液（血痕）的提取。血痕是暴力案件现场常见的DNA样本来源。对于案发现场的血痕，最好是将血痕和附有血痕的物件一并提取。若血痕是附着在较大物体上，可以将物品切割，沿血痕周边切下血痕，将其晾干装入物证袋内，并贴好标签。也可以将血痕刮下于纸片上，包装好后装入物证袋内。若血痕附着的物体坚硬无法切割，则可用生理盐水湿润的纱布擦拭血痕，使血迹转移到纱布上。凶器上血痕的提取一般尽量整件提取。对于比较大的凶器，侦查人员可以采取用湿纱布擦拭的方法进行提取并记录提取部位。附着身体上的血痕，如位于皮肤表面的血痕可以采用纱布擦拭的方法提取；位于指甲缝中的血痕可将指甲剪下提取；在尸体解剖过程中采集血液样本，根据尸体腐败情况而定，对于未腐败或腐败不严重的尸体建议采集心腔内血液；对于严重腐败的尸体，则建议采集末梢静脉血液。在辛普森杀妻案中，警方在现场采集的唯一一滴血迹是放置一夜风干后用一张纸包起来的，而辩方复检时发现在这张纸上有一滴鲜血的痕迹。提取辛普森的血液样本是用于DNA检验的，但却出现了血量的减少，这说明警方存在作伪证的可能。

（2）精斑的提取。对于相同载体上遗留的精斑，提取方法与血痕的提取方法大致一样。对于涉嫌性侵害的案件的被害人进行检验时，要特别注意以下事项：第一，首先观察被害人的下腹部、口腔内、肛周有无精液；第二，鉴定人员应使用干净棉签分别提取阴道外端、中部和后穹窿部位的检材。谨记所有提取的检材都应逐个分别提取和分别编号,然后在自然状态下风干,物证袋分别包装后常温保存。性侵害案件发生在室外的,精液常常遗留在树枝、草丛等植物或土地上。在植物上的,应整株或有精斑遗留的枝叶或茎干提取。对于涉嫌强奸的犯罪案件,在送检精斑样本时,侦查人员需同时提取被害人、犯罪嫌疑人及其他相关人员的唾液或血液样本一并送检,目的是作为对照样本,以便筛查比对。对强奸案件的犯罪嫌疑人可以用湿润纱布擦拭阴茎,晾干后装入物证袋。

(3)唾液斑的提取。在案发现场有时会发现可能与案件有关的烟蒂,应用镊子分别提取装入物证袋内并做好标记。对怀疑遗留有犯罪分子唾液的茶杯等应用湿润棉拭子进行擦拭,在附近部分取空白对照样本,晾干后装物证袋。侦查人员对尸体进行勘验检查时,发现皮肤留有咬痕时,应用纱布进行擦拭取样,对于活体上发现咬痕等也要进行采样。同时,擦拭附近部位作为空白对照,晾干装入物证袋内。有时在信封口或者邮票背面也可能发现遗留的唾液斑,侦查人员应对该信封和邮票整件提取;唾液斑提取过程中,注意不要用手触及口腔棉签部分,提取人员要戴手套避免污染。

(4)毛发的提取。在案发现场,不管是遗留于何处的毛发一经发现就应提取,并分别装入物证袋内,同时做好标记。禁止将取自不同部位的毛发混合包装在一起。在提取毛发时动作应轻柔,避免将黏附在载体上的毛发拉断,也防止将毛发上的附着物擦掉。用于对照检验的毛发最好与检材毛发取自同一部位(如同是头发或同是阴毛),对照毛发的提取量不应少于5～10根。提取毛发时,采样人应戴手套,避免触及样本的毛囊,确认能在毛发末端用肉眼可看见清晰的毛囊。对于样本的采集日期和样本身份应标记清楚。

在辛普森杀妻案中,检方提出的毛发证据也受到了质疑。警方在刚刚发现尸体之时,在照相人员将现场情况进行拍照记录并等待法医尸检的过程中,警方从妮可的公寓中拿来几条白床单盖在尸体上,这一举动似乎是对死者的尊重,但却给辩方提供了攻击的口实,因为警方在死者身上收集到的毛发可能是从床单上落下沾在死者身上的,而床单上有辛普森的毛发并不稀奇,因为辛普森与妮可离婚后依然藕断丝连,就在案发前的某一晚上,辛普森还曾在妮可的公寓过夜。

(5)软硬组织的提取。对于案发现场遗留的人体内脏组织、肌肉组织或皮肤组织等应整块提取,分别装入洁净的试管内冷冻存放做好标记。小块的干燥人体组织可装入物证袋内低温存放;粘附有灰、土等小块软组织应同时提取黏附的空白物作对照检验。附有软组织的骨片可连同软组织一并提取,冷冻存放。如有牙齿可全部提取[①]。

(6)阴道分泌物和羊水的提取。强奸案被害人的活体用消毒纱布、尸体用洁净纱布擦拭阴道,提取内容物晾干,低温保存。被害人内裤可能留有不同量的阴道分泌物斑痕,可以整件提取内裤。对可能留有羊水的衣裤、被褥等,其内裤可以整件提取,并提取空白对照。对于孕妇羊水样本的提取必须去正规医院,并在经验丰富的妇产科医生的指导和帮助下提取,以保证孕妇和胎儿的安全。一般提取羊水6ml~10ml,羊水样本必须尽快鉴定,特别是夏季最好低温保存送检。

(7)强奸致孕案件的物证提取。被害人被强奸致孕,如果已人工流产,可用干净无菌的手术刀切开胎儿颅骨,用干净无菌的药勺或滴管取引产胎儿脑组织,放入干净试管或烧杯内,或取胎儿肌肉,登记被害人姓名、采集时间、地点和采集人等,密封、冷冻保存。如未人工流产可在医院采集绒毛。如要人工流产,一定在流产前告知医院妇科彻底清洗吸泵,不能留有其他组织,而且吸引时不能将胚胎弄得太碎,以免分不清是胚胎还是母体组织[②]。

综合上述生物物证提取的规范,笔者认为:①在提取生物物证前,应做好记录工作,如照相、录像、现场绘图等,以免检材之间发生混淆,对分析案情产生不利或错误。辛普森杀妻案中,福尔曼在辛普森住宅二楼发现的血

---

①参见樊学勇,杨涛:《刑事诉讼视野下的法医物证应用研究》,载《证据科学》,2012年第1期。

②参见郑秀芬编著:《法医DNA分析》,北京:中国人民公安大学出版社,2002年版,第35页。

袜子,警方在现场勘验录像时并未记录,因此该血袜子被法庭排除。②防止污染。提取生物物证的过程中,侦查人员应戴手套、工作帽和口罩或使用镊子等器械,避免徒手操作。不同位置提取的生物物证应分别包装、分别记录,以防止它们之间交叉污染影响DNA检测结果的准确性。所用采集器具要干净、无菌,尽可能使用一次性器具,需要连续使用的在提取每件物证前都要彻底清洗干净。辛普森杀妻案中,丹尼斯警官在案发现场提取血样时,有时并未戴手套进行操作。在李昌钰博士检验现场提取的血痕时,却发现其中含有EDTA防腐剂。这些都提示,警方在提取生物物证时,操作不规范,现场的血样有可能被污染,从而影响DNA分析结果的可靠性。③提取对照检材。提取对照检材的目的,是为正确判断DNA检测结果提供参照依据。④防止腐败。所有生物物证均具有易腐败变质的特性,从而对DNA检测造成困难。因此,对所有的生物物证,为了防止发生霉变,均应晾干或低温保存并及时检测。在辛普森杀妻案中,警方在案发现场采集的唯一一滴血迹是放置一夜风干后用一张纸包起来的,而辩方复检时发现在这张纸上有一滴鲜血的痕迹。这说明警方在提取案发现场血迹时,并未将血迹晾干,而是提取后直接放入袋中。

宋英辉教授等在《死刑案件证据运用指引建议论稿》[①]第6条指出,在现场提取的物证、书证,必须附有现场勘验、检查笔录及扣押清单、照片。在犯罪嫌疑人、被告人身上、住处或其供述、指认的场所发现的物证、书证,必须附有搜查笔录及扣押清单、照片。从第三人处提取的物证、书证,必须附有提取笔录及扣押清单、照片。未附有勘验、检查、搜查、提取笔录及扣押清单、照片,或者勘验、检查、搜查、提取笔录与扣押清单、照片记载、显示的情况不一致的物证、书证,应当通过侦查人员、见证人出庭作证和播放侦查机关进行现场勘验、检查、搜查、提取和扣押时的同步录像等方式进行补正,不能以上列方式补正的,不得作为定案的根据。在我国刑事司法实践中,通常只有侦查机关才有权在犯罪现场进行DNA样本的采样,而犯罪嫌疑人及其

----

①参见宋英辉,孟军,何挺等著:《死刑案件证据运用指引建议论证稿》,北京:法律出版社,2016年版,第17页。

聘请的律师则无权在犯罪现场进行采样。美国律师协会《DNA证据刑事司法标准》第2.1条(c)规定,如果被告被指控犯有正在调查的犯罪,并且在执法机构完成了对犯罪现场或其他地方的调查后,如果被告的律师或调查人员被拒绝进入犯罪现场或其他地方,被告则有权向法庭申请令状,允许被告的律师或调查人员进入这些场所收集DNA证据[①]。

5.1.2　犯罪现场DNA样本包装、保存、送检的规制

进行DNA检验的生物物证一旦收集后,必须保持在干燥状态,潮湿的物证应室温晾干,低温保存,以减少DNA的降解,不要暴露在高温、潮湿、阳光直射的环境。人体组织不能加福尔马林等固定,应采取冷冻保存。

对犯罪现场提取的DNA样本应科学妥善保存,这是侦破刑事案件的重要物证之一,有时甚至是突破案件的唯一依据。科学妥善保存提取的DNA样本具有以下价值:第一,有利于初次DNA检测结果的准确性。只有保证DNA检测结果的准确性,才能正确地发现案件事实,还原案件的本来面目,防止冤假错案的发生。第二,为复验提供重要的物证依据。在刑事诉讼过程中,常常需要对DNA样本进行重新检验或检测,这不仅是侦查机关自我纠正的需要,也是检察机关对侦查进行监督的物质保障。如果生物物证保存不当,可能导致案件事实处于悬而未决的状态。因此,有必要从科学和法律的角度,对DNA样本的保存进行法律规制,以保证DNA检测结果具有证据资格和应有的证明价值。在辛普森杀妻案中,冯纳特警长在提取辛普森血样后,并未妥善保存,而是将血样放在汽车后备厢中三小时,且未直接送往DNA实验室进行检验,而是先去了案发现场,这为辩方怀疑警方故意诬陷辛普森提供了依据。

5.1.2.1　对DNA样本包装的规制

(1)防止污染。为了防止包装袋本身对样本产生污染,法律要求包装物

---

①参见张南宁著:《科学证据基本问题研究》,北京:中国政法大学出版社,2013年版,第247-248页。

必须清洁、无污染。且对于犯罪现场提取的DNA样本应分别包装,并注明名称、数量、提取方法、时间、地点和提取人姓名等作为勘验笔录的一部分,从而为物证取得的合法性提供事实依据。在辛普森杀妻案中,李昌钰博士发现洛杉矶警方将两只在不同地方发现并提取的袜子放在同一证物袋内,怀疑这两只袜子都可能受到了污染,并在第二次详细检验时,发现血从袜子的一面渗透到另一面,这证实了李昌钰博士的怀疑①。

(2)防止腐败变质。对于犯罪现场提取的DNA样本应进行干燥处理,防止变质,切勿暴晒或高温烘烤,否则会加剧DNA的降解,影响DNA检测结果的准确性。同样,对于体液及软组织生物检材应用冷冻器皿予以包装。

5.1.2.2　对DNA样本保存的规制

(1)科学保存。生物物证的各种斑痕检材均应进行干燥处理以防霉变。对于骨骼等生物检材需经消毒保存;为了防止生物检材发生霉变,延缓DNA降解的速度,有必要将生物检材低温保存,置4℃冷冻。

(2)专人保管。生物物证检材应由专人负责保管,同时对于生物物证检材应进行密封。保管的每个生物检材都应逐个登记并编号,由检验人员直接存放在固定位置。对于每个检材的存放时间、保存地点、存放人、领用人、使用目的和使用时间等都应同时进行记录,以备核查,防止生物检材被人为调换或破坏。

(3)销毁时限。案件现场或侦办过程中发现和提取的物证材料,因案件侦查和审判等原因,各国法律均规定应严格保存,对于重大案件和恶性案件的物证材料,甚至要长期保存,不得销毁②。对于生物检材保存的时限,法律应进行明确的规定。为了防止冤假错案的发生,同时结合生物检材的生物学特性,保存得当的生物检材10年后仍能进行正确的DNA分型,因此,笔者建议侦查机关保存生物检材的时限为10年,经过此保存期限后检材可以销

---

①参见[美]李昌钰,刘永毅,季树仁著:《神探李昌钰破案实录②——美国世纪大审判》,桂林:广西师范大学出版社,2007年版,第46页。

②参见赵兴春:《刑事案件DNA检验采样与鉴定立法现状》,载《证据科学》,2009年第1期。

毁,但检材销毁应记录在案,由侦查机关负责人和执行人员签字。

(4)领用登记。鉴定人员从样品室领取被检样品等材料应作好领用登记工作。鉴定人员对于领取的样品负责,用完后必须及时将样品归还保管人员。生物检材的遗失或损坏应由领用人负责。

(5)目的限制。对于保存的备用检材,除用于案件的复核目的之外,未经侦查机关负责人同意,不得为其他目的检验,从而防止不当检验可能对公民隐私权的非法侵犯。《德国刑事诉讼法》第81e条专门对DNA鉴定进行规定,在查明血统或者已发现的血迹是否源自被指控人或者受害人的必要范围之内,可以进行分子遗传学鉴定,不得调查和鉴定其他事由的事实。第81g条第2款规定,DNA鉴定过程中不得进行为查明同一性之外的调查[①]。

5.1.2.3　对DNA样本的送检规制

送检是侦查人员将案件现场提取的DNA样本送交具有法定资质的鉴定机构进行检验的行为。送检的目的是对现场提取的DNA样本进行STR分型,以便与被追诉人等的DNA样本进行同一性比对。

(1)及时送检。对于刑事DNA样本的送检应及时,防止检材变质腐败,并同时送检相应的对照检材。对于强奸案件,应同时送检被害人、犯罪嫌疑人或有关人员的DNA样品。

(2)送检应附证明材料。刑事案件检材的送检人员需提供公、检、法、司或军队保卫部门加盖公章的鉴定委托书或公函,并出示本人的工作证。委托书应标明委托单位、简要案情、送检物品清单、送检目的和要求、日期及经办人签名等。

(3)核对交接。刑事司法人员送检相关生物检材时,应与鉴定机构受理人员办理核对和交接手续。由鉴定机构受理人员对送检人员送检的检材种类、数量、日期、检验目的和要求等进行核对并办理相应的交接手续,并由委托人对样品的真实性负责。鉴定人应审核委托人提供的样品是否完整和充

---

①参见何家弘,张卫平主编:《外国证据法选译(上册)》,北京:人民法院出版社,2000年版,第448-449页。

分,对于样品不完整或不充分的,应当要求委托人补充提供。鉴定人员接收检材时,应详细了解案情和鉴定要求,逐一核对检材后,在送检登记表上签名。

5.1.3　被追诉人DNA样本采样的规制

在美国刑事司法实践中,将刑事DNA样本采样界定为一种搜查行为进行法律规范。其搜查的范围不仅包括住宅、文件和财产等,还包括人的身体。美国联邦最高法院在Schmerber v. California一案的判决中,首次将抽血检测行为界定为对身体的搜查行为。《德国刑事诉讼法》则将刑事DNA样本采样界定为一种独立的人身检查措施。人身检查包括探知被告人身体本身的状态或特征、提取血液、胃内容物、尿液等组织成分、取出体内的异物等①。

我国《刑事诉讼法》第126条规定,侦查人员对于与犯罪有关的场所、物品、人身、尸体应当进行勘验或者检查。在必要的时候,可以指派或者聘请具有专门知识的人,在侦查人员的主持下进行勘验、检查。第130条规定,为了确定被害人、犯罪嫌疑人的某些特征、伤害情况或者生理状态,可以对人身进行检查,可以提取指纹信息,采集血液、尿液等生物样本。犯罪嫌疑人如果拒绝检查,侦查人员认为必要的时候,可以强制检查。同样,我国《刑事诉讼法》也将刑事DNA样本采样界定为一种人身检查措施。

在刑事诉讼中,对被追诉人的DNA样本采样以其是否自主同意为标准,可以分为DNA样本强制采样和DNA样本同意采样两类。

5.1.3.1　刑事DNA样本同意采样

在刑事司法实践中,对于DNA样本同意采样的合法性没有多大争议,因为DNA样本系被追诉人自身身体的一个组成部分,被追诉人享有自主处分的权利。侦查人员在取得被追诉人同意后进行DNA样本采样并未侵犯其人身权和人身自由权,所得的证据也可以顺利进入诉讼程序。英国、美国、德

---

①参见［德］克劳恩·罗科信著:《刑事诉讼法(第24版)》,吴丽琪译,北京:法律出版社,2003年版,第317页。

国等法治发达国家均以不同方式建立了经被采样人同意的刑事DNA样本采样模式,实质上是免除了法官对刑事DNA样本采样合法性的审查。根据西方政治哲学的"契约理论",政府权力来自公民的授权,基于公民的同意,可视为对国家机关的特别授权①。但何为"同意"呢?为了防止警察以公民同意搜查为借口而侵犯公民的合法权利,美国刑事司法实践发展过程中,对同意搜查作出了一系列限制,要求被搜查人的同意必须是自愿的,确实是个人自由意志选择的结果。如果警察有强迫或欺骗行为,则该同意是无效的。搜查的范围只限于被搜查人同意的区域或部位,如果同意搜查的公民要求中止搜查,警察就不能继续进行搜查②。但对于存在"特别危险"和"违反公序良俗"的方式,包括严重的侵入式检查,则不仅要取得被采样人的同意,还必须取得司法授权,否则即视为违法,所取得的证据无法进入诉讼程序。

我国《刑事诉讼法》规定,对被害人的DNA样本采样必须取得被害人的同意。对于"同意"的理解,笔者认为,必须是被害人真实自愿的意思表示,而不应是强迫或欺骗的结果。同时,被害人有随时撤销同意的权利。即使在取得被害人同意的情况下,侦查机关也应遵循比例原则,采取对被害人侵害较小的DNA样本采样方式。例如,应优先选择提取口腔黏膜细胞的方式,而不应优先采取抽血等侵入性DNA样本采样方式。对于毛发的采样,应优先选择头发,而不应选择阴毛作为采样对象,因为采集阴毛会触及公民的最深隐私部分,从而侵犯被害人的隐私权。

5.1.3.2　刑事DNA样本强制采样

目前,我国刑事司法理论界和实务部门,对于刑事DNA样本强制采样的合法性存在较大争议。我国《刑事诉讼法》规定,侦查人员认为在"必要的时候",可以对犯罪嫌疑人强制DNA采样。那何为"必要的时候"?也就是说,侦查机关启动刑事DNA样本强制采样的理由是什么呢?下文将对刑事

---

①参见王志刚著:《刑事人身检查制度研究》,北京:中国人民公安大学出版社,2011年版,第23页。

②参见王兆鹏著:《美国刑事诉讼法》,北京:北京大学出版社,2005年版,第121-129页。

DNA样本强制采样的启动理由、审查主体、对象等程序性事项进行探讨。

（1）刑事DNA样本强制采样的启动理由。所谓刑事DNA样本强制采样启动的理由，即侦查机关决定刑事DNA样本强制采样应达到的证明要求，目的在于对侦查人员的刑事DNA样本强制采样行为进行限制。侦查机关进行强制采样必须达到一定的证明要求，同时也可以作为评价法官的刑事DNA样本强制采样决定是否适当的标准。因此，刑事DNA样本强制采样的启动理由可以从两方面来理解：一方面是侦查机关申请刑事DNA样本强制采样的证据依据，另一方面是法官对侦查机关的申请决定是否同意的审查标准。由于侦查机关和法官所处的诉讼构造位置不同，因此两个主体在认定刑事DNA样本强制采样依据的标准方面也会存在差异。

在美国，刑事DNA样本强制采样被界定为一种特殊的搜查行为，但采取不同于其他搜查行为的证据标准。1966年，美国联邦最高法院在Schmerber v. California一案的判决中，提出了一个新的标准——"明显表征"，并将其作为强制抽血合理性与适当性的审查依据。由于美国联邦最高法院在该案的判决中并未阐释新确立的"明显表征"与传统搜查所要求的"相当理由"的区别，也没有说明其与侵害隐私程度较为轻微的拍身搜查所要求的"合理怀疑"有无程度上的不同，该标准确立后引起众多争论。在英国，刑事DNA样本强制采样的启动必须具备"合理根据"。笔者认为，无论是"明显表征"标准，还是"合理根据"标准，它们都是一种客观证据标准，是客观证据信息量达到一定程度后作出的价值判断。

我国《刑事诉讼法》则未对刑事DNA样本强制采样的启动条件进行法律规范，赋予侦查机关在"必要的时候"即可进行刑事DNA样本强制采样的权力。这种模糊规定必然将公民的身体权和人身自由权等基本人权暴露于侦查权的恣意之下，而无法得到应有的保障。为了防止侦查权的滥用，有效保障犯罪嫌疑人的合法诉讼权利，应当对侦查机关的DNA样本强制采样权进行适当规制。笔者认为，可以借鉴美国或英国的法律规定，确立合理根据标准作为刑事DNA样本强制采样的启动条件。对于合理根据的判断必须具有客观证据作为支撑，而不是侦查人员的主观臆断。建议将《刑事诉讼法》第

130条修改为：当存在合理根据的情况下，侦查人员可以申请对犯罪嫌疑人进行强制检查。

（2）刑事DNA样本强制采样的审查主体。从上述刑事DNA样本强制采样的启动理由来看，"合理根据"或"明显表征"都是建立在一定客观证据之上的主观判断，因此，不同审查主体的判断标准会存在显著差异。

在美国，对刑事DNA样本强制采样采取的是司法令状模式，即侦查人员认为需要进行刑事DNA样本强制采样，必须向中立法官提出申请，由法官结合相关证据进行详细审查，当侦查人员提交的证据符合法定标准时，才以发放令状的形式确认采样的合法性。虽然签发令状的标准都是"明显表征"标准，但由一个中立、超然的法官来进行价值判断，避免了侦查人员天然的追诉倾向所可能带来的权力滥用。但美国立法也确立了例外，在特殊情形下，赋予侦查人员自行处置的权力，但必须事后获得法官的认可。对于刑事DNA样本采样，笔者认为，没有必要确立这样的例外，因为被追诉人的DNA样本检测分型并不会因为时间的推移发生改变，其具有终生不变的特性。

同为英美法系国家的英国却采取了不同的立法模式。根据1984年英国《警察与刑事证据法》的规定，英国警察实施刑事DNA样本强制采样无须取得法官的授权，经警察机关内部批准后即可实施。但直接实施采样措施的侦查机关不能自行决定，而要经过警司级长官的书面同意后方可为之。英国之所以采取自行决定模式，是由英国的侦查特点决定的。在英国，警察机关享有强大的侦查权力，警察机关侦查是完全独立的，不受本系统外任何干预。在侦查终结后，警察机关可以自行决定是否对犯罪嫌疑人进行起诉。

在我国刑事司法系统中，警察机关同样享有强大的侦查权力，但我国《刑事诉讼法》规定，检察机关对侦查机关侦查行为的合法性享有监督权，并对侦查终结而移送审查起诉的案件享有审查权，对不符合起诉条件的案件，可以要求公安机关补充侦查或决定不起诉。笔者认为，应当将刑事DNA样本强制采样的审查决定权交由检察机关，将《刑事诉讼法》第130条修改为：当存在合理根据的情况下，侦查人员可以向检察机关申请对犯罪嫌疑人进行强制检查。这种立法模式，不仅可以防止公安机关滥用侦查权，有效保障犯罪嫌疑人的合法权益,也体现了诉讼效率原则,因为检察机关对侦查机关享有侦查监督权,对于违法取得的证据可以将其排除,不作为审查起诉的依据。这种立法规定,符合我国刑事诉讼改革的方向,也兼顾了我国刑事司法实际状况的需要。

(3)刑事DNA样本强制采样的标本类型。从医学角度来说,刑事DNA样本强制采样的检材可以为任一人体组织,只要该组织含有有核细胞即可。从查明案件事实的角度来说,被追诉人任一含有有核细胞的组织都可以成为强制采样的检材。但刑事诉讼活动不同于医学研究,在刑事诉讼过程中,必须追求惩罚犯罪和保障人权的平衡。反过来说,在刑事诉讼过程中,提取被追诉人DNA样本的目的是为了进行个体身份识别和亲缘关系的鉴定。就这一目的来说,提取任何一种组织都可达到此目的,那为什么不选择那些对被追诉人人权侵犯较小的检材呢?

前文已经论述血液、唾液、精液、骨组织、尿液、头发、阴毛、肝脏等均可以达到刑事诉讼中个体身份识别和亲缘关系鉴定的目的,只是不同的检材提取DNA样本的难度不同而已。在同样可查明案情事实的情况下,笔者认为应优先选择对被追诉人人权侵害较小的方式进行采样,这也体现了侦查措施选择中的比例原则。

1984年英国《警察与刑事证据法》将DNA样本分为私密样本和非私密样本。私密样本包括血液、精液、尿液、其他组织液、阴毛以及采集口腔以外人体孔穴组织的棉棒,非私密样本包括除阴毛以外的毛发、取自指甲或指甲下的样本、唾液、采集口腔的棉棒。该法也对私密样本和非私密样本规定了不同的采样条件,这一规定有其合理性。对于私密样本,其涉及人类最私密的隐私或采样方式对人体具有侵入性。譬如,提取阴毛,将会暴露犯罪嫌疑人的阴部,而这一方式将会侵犯其最私密的隐私。采集血液会使用针头,刺穿犯罪嫌疑人的皮肤和血管等人体组织,也是一种对身体权的侵犯。对这类样本采集,在立法上应采取更加严格的条件进行法律规范。因此,笔者认为应修改完善我国《刑事诉讼法》第130条,完善刑事DNA样本采样的检材类型,不仅包括血液、尿液,还应包括头发、口腔黏膜细胞、精液、阴毛等。同时,应借鉴英国立法的有益经验,对DNA样本进行私密样本和非私密样本的分类,并规定不同的采样条件。在刑事诉讼中,为达到个人身份识别和亲缘鉴定的目的,侦查机关应优先选择采集非私密样本,而不是私密样本。只有在非私密样本达不成目的情况下,才允许选择私密样本,并要遵循私密样本采样的条件和程序。

(4)刑事DNA样本强制采样的对象。《德国刑事诉讼法》根据强制采样对象的不同,将刑事DNA样本强制采样分为对被追诉人的采样和对第三人的采样,并对不同采样对象规定了不同的条件和程序要求。根据《德国刑事诉讼法》第81a条的规定,对被追诉人采样的条件可以概括为四要件:事实要件、健康要件、授权要件和目的要件。所谓事实要件是指刑事DNA样本采样是为了确定诉讼中的重要事实;健康要件指采集血液样本或医师依据医疗规则进行的检查应对被追诉人的身体健康不存在危险性;授权要件即对被告人强制采样原则上应取得法官的命令,只有在紧急情况下,才可以由检察官及其辅助人员进行;目的要件指提取被追诉人的血液样本或其他身体细胞仅限于个人身份识别和亲缘关系鉴定目的,不得用于其他目的,当不再需要时,即应毁弃[①]。

《德国刑事诉讼法》第81c条规定了对被追诉人以外其他人员采样的条件。可以归纳为证人原则、痕迹原则、无法避免原则、健康原则、医师原则和亲属拒绝提供原则。所谓证人原则是指对被指控人以外的其他人员进行强制采样,必须考虑将这些其他人员作为证人的可能性。痕迹原则是指第三人的身体上留有犯罪行为引起的特定痕迹或结果。无法避免原则指对第三人采样必须是查清案件真相的最后唯一选择。健康原则指血统检查和血样采集措施必须对第三人无危害健康的危险。医师原则指对第三人抽血和检查只能由医师进行。亲属拒绝提供原则是指鉴于对第三人进行检查的目的是将第三人作为证人,因此当第三人与被追诉人存在亲属关系,且存在拒绝提供证言的理由时,可以拒绝检查或者抽取血样。

[①]参见宗玉琨译注:《德国刑事诉讼法典》,北京:知识产权出版社,2013年版,第40-41页。

笔者认为,应对我国《刑事诉讼法》进行修改,将刑事DNA样本强制采样的对象确立为被追诉人、被害人和第三人,并对被害人强制采样的条件和程序进行规范。借鉴《德国刑事诉讼法》第81c条的相关规定,在刑事诉讼中,被害人经常被视为证人出庭作证,因此被害人可以满足证人原则的要求。在性犯罪案件中,被害人体内常常遗留有被追诉人的精液或因强奸而致孕,因此也应符合痕迹原则。对被害人进行刑事DNA样本强制采样,必须是DNA检测成为查清案件事实的唯一手段。例如在强奸案件中,必须从被害人体内提取精液和阴道分泌液的混合斑,从而为厘清精液是否为被追诉人所遗留提供DNA样本。

案例5-2:

2000年3月14日晚,宾馆服务员王某被害身亡,张某有作案嫌疑,但张某称其未曾到过现场。为侦破该案,公安机关提取王某和张某的血样,并提取了王某的阴道擦拭纸,委托对之进行DNA鉴定。

检验结果如下表:

检测系统	阴道擦拭纸	张某血样	王某血样
D3S1358	14,15	15,16	15,16
vWA	14,18	14,17	17,17
FGA	23,23	23,23	19,24
Amelogenin	X,Y	X,Y	X,X
D8S1179	13,14	15,16	10,13
D21S11	29,30	31,31.2	29,30
D18S51	13,21	17,20	18,20
D5S818	12,13	10,11	10,12
D13S317	12,12	9,11	11,12
D7S820	12,12	8,11	11,11

分析说明:所取的王某阴道擦拭物中检见精子,表明阴道擦拭纸为混合斑。经二步消化法提取精子DNA,与王某、张某血样DNA同步进行STR位点和性别位点检测,结果表明精子组份在D3S1358、vWA和

D8S1179等多个位点的基因型与张某的基因型不一致。鉴定意见：死者王某的阴道擦拭纸中检出精斑，但该精斑不是犯罪嫌疑人张某所遗留[1]。

我国《刑事诉讼法》明确规定，刑事DNA样本采样的对象仅限于被害人和被追诉人，而不包括第三人，如证人等。在刑事诉讼过程中，常常需要提取被追诉人血亲的DNA样本以间接确认被追诉人的DNA型别，或提取被害人的配偶或性伴侣的DNA样本进行比对。但我国《刑事诉讼法》并未对被追诉人和被害人以外的第三人的强制采样进行法律规范，这是我国刑事诉讼立法的重大缺陷。参照《德国刑事诉讼法》的规定，可以对第三人强制采样的条件和程序进行规定。在我国刑事诉讼中，对第三人的强制采样，必须该第三人可以成为证人，且对该第三人采样是查明案情事实的唯一手段；抽取血样或检查只能由执业医师或执业护士进行。但对于被追诉人的血亲，即直系近亲属，包括被追诉人的父母、子女等享有拒绝DNA样本强制采样的权利，这是为了保护传统的伦理道德，维护家庭和谐的公序良俗的需要。

（5）刑事DNA样本强制采样适用的案件类型。1984年英国《警察与刑事证据法》对刑事DNA样本采样涉及的案件类型进行了法律规范。对私密样本、非私密样本、指纹的采样除了满足"合理根据"的证据条件外，尚需被采样人涉及"严重可捕罪"，只有满足于此，才能实施刑事DNA样本采样。1994年《刑事审判与公共秩序法》对刑事DNA样本采样的程序方面的"严重可捕罪"修改为"可记录罪"，扩大了实施刑事DNA样本采样的对象范围[2]。

美国关于刑事DNA样本采样的立法首见于州立法，联邦随后跟进。其中弗吉尼亚州是最先建立犯罪者基因资料库的州之一。根据弗吉尼亚州法律规定，应接受强制采样者被分为两类：一是经判决定罪的重罪犯，二是因暴力重罪而被逮捕者。前者针对已决犯，目的是为了预防未来犯罪，尤其对性犯罪者。后者针对暴力犯罪等重罪且需被逮捕者。1999年，我国台湾地

---

[1] 参见司法部司法鉴定科学技术研究所编著：《个体识别和亲子鉴定理论与实践——典型案例分析》，北京：中国检察出版社，2001年版，第61-62页。

[2] 参见中国法学会译注：《英国警察与刑事证据法（1984年）警察工作规程（经修改）》，沈根明，王满船，龚卫斌等译，北京：金城出版社，2001年版，第90页。

区为了提高性犯罪和重大暴力犯罪的追诉效率,制定了《去氧核糖核酸采样条例》,作为刑事程序中取得DNA样本证据及建立资料库的法律依据。

我国《刑事诉讼法》未对DNA样本强制采样适用的案件类型进行区分。从现行立法规定来看,不论是轻微犯罪还是严重犯罪都可以进行DNA样本强制采样,只要侦查人员认为必要即可。DNA样本采样作为一种侵犯人权的强制侦察措施,应遵循比例原则,将其适用的犯罪类型进行限制,我国立法应参照相关国家的立法将其限定为严重的暴力犯罪和性犯罪等。

5.2 刑事DNA分析的法律规制

刑事DNA分析是由鉴定人基于其特有的专业知识、经验、技能、教育等,以专业鉴定书或言词陈述提交于法庭,以协助法庭认定被追诉人是否有罪的证据。刑事DNA检测分析的DNA样本主要是犯罪现场提取的生物样本和自犯罪嫌疑人身体提取的生物样本。从技术角度来说,刑事DNA分析技术先后经历了两个阶段,第一阶段是杰弗里斯教授发明的DNA指纹技术,由于这一技术需要的检材量大、灵敏度低,且操作过程复杂、耗时长等,导致其应用受到限制。第二阶段是1985年出现的PCR技术,PCR被广泛地应用于DNA多态性的检测。PCR技术本身存在操作简便、省时、微量DNA即可检测等优点,逐步扩大了DNA检测技术在刑事司法实践中的应用。随着自动化水平的提高,这一DNA检测技术逐步由半自动化(ABI 373和ABI 377DNA测序仪)发展为全自动化(ABI 310和ABI3100DNA测序仪),这大大提高了检案的效率和准确性。

5.2.1 刑事DNA分析的法律目的

《德国刑事诉讼法》第81e条对DNA分析进行了明确的规范,该条规定:(一)只要为确定血统或者为确定所发现的迹证物质是否来自被指控人或被害人此项事实所必要,亦允许对通过第81a条第1款措施获得的物质进行分子基因检查;同时亦允许确定人的性别。为进行相应的确定,对通过第81c

条措施获得的物质亦准许进行(一)的检查。对(一)所指以外的事实不得进行确定;针对此进行的检查为不准许。(二)第1款所准许的检查亦允许对被发现、保全或扣押的迹证物质为之。第1款第三句和第81a条第3款前半句的规定相应适用①。

根据该条规定,《德国刑事诉讼法》明确了刑事DNA分析的目的仅限于确定血统关系和个体身份确定,而不得为其他目的。所谓确定血统关系在性犯罪中比较常见,即确定被强奸致孕的胎儿是否系犯罪嫌疑人的子女。而个体身份确定是指对犯罪现场提取的生物样本DNA与犯罪嫌疑人的DNA进行比对,以判定现场的DNA样本是否为犯罪嫌疑人所遗留。笔者认为,这一规定是非常科学而合乎保障人权原则精神的。刑事DNA分析和比对是一种对犯罪嫌疑人、被害人等信息自决权的侵害行为,要进行刑事DNA分析原则上应取得法律的授权。从分子生物学的角度来理解上述规定,刑事DNA分析仅限于非编码区,而不及于编码区,因为对于编码区的分析会侵害人格最隐秘的内在领域,可能会发现其疾病基因等。按德国学者的见解,以DNA分析作为检查方法并非仅限辅助性,亦可作为决定性方法。其目的只能为确认血缘关系或犯罪迹证与被追诉人或第三人是否吻合,而禁止进行精神、性格、疾病等方面的人格特征或处理财产能力检测。

我国《刑事诉讼法》规定进行血液和尿液样本采样目的是为了确定被害人、被追诉人的某些特征、伤害情况或者生理状态。那确定被害人和被追诉人的"某些特征"具体包括哪些呢?我国实务界认为确定其DNA型别是其"某些特征"之一。当然,"某些特征"是否包括其他和DNA信息紧密相关的遗传病等信息呢?而这些信息又可以在刑事诉讼中发挥何种价值呢?从我国目前刑事诉讼司法实践来看,对被追诉人的DNA样本无须进行遗传病等基因的分析,只要进行非编码区的同一性识别分析即可满足刑事诉讼的要求,所以我国刑事诉讼立法应明确DNA分析的目的只限于同一性比对和亲缘关系鉴定,而不得进行其他编码区的基因分析。这不仅可以实现查明案

①参见宗玉琨译注:《德国刑事诉讼法典》,北京:知识产权出版社,2013年版,第42-43页。

件真实情况的目的,也可以防止对被采样人隐私权的过度侵犯,实现惩罚犯罪和保障人权的统一[①]。

5.2.2 刑事DNA分析的法律授权

《德国刑事诉讼法》第81f条第1款规定,第81e条第1款的检查,如果未经所涉及人书面同意,只能由法院命令,迟延就有危险时亦允许由检察院及其侦查人员命令。应当告知同意人所要提取的数据用于何目的。

《德国刑事诉讼法》第81f条第1款明确了刑事DNA分析的法律授权。在德国刑事诉讼中,如同身体细胞采样一样,刑事DNA分析亦必须取得法官的授权或取得被采样人的同意,即遵循了令状原则或同意原则。刑事DNA分析和刑事DNA样本采样一样,也是一种侵犯被检测人人权的行为,但刑事DNA分析侵害的是被追诉人等的基因隐私权。从德国法的传统来说,对于侵犯人权的侦查措施应由中立法官对其合法性和合理性进行价值判断。刑事DNA分析也不例外,应由法官决定DNA分析的合法性和合理性。那为什么在取得被检测人同意的情况下,则不需要法官的令状呢?按照德国法的通说,刑事DNA分析可能侵害了被检测人的自我信息决定权这一基本人格权,被检测人有权自主决定其基因信息的处分,所以当被检测人真心同意时,DNA分析的合法性的价值判断则无须法院的介入。《德国刑事诉讼法》的这一规定是有其宪法依据的,《德国基本法》规定人性尊严不受侵犯,所有州的机构均有责任尊重和保护个人尊严。1983年,德国宪法法院通过《人口普查法》案,首次确认了个人信息自决权,并全面阐释其内涵和外延[②]。自我信息决定权是公民享有的一项固有权利,权利主体享有自主处分的权利,在被检测人同意的情况下,即视为公民对政府的授权。

但笔者认为这种同意必须满足三个要件:目的要件、实质要件和形式要件。目的要件是指侦查人员应明确告知被检测人DNA分析数据使用的目

---

①参见刘广三,汪枫:《刑事DNA采样和分析中的法理思考》,载《法学杂志》,2015年第3期。

②参见孔令杰著:《个人资料隐私的法律保护》,武汉:武汉大学出版社,2009年版,第90-91页。

的,使被检测人了解自己的同意处分可能对自己造成的不利影响。所谓实质要件指同意作为一种意思表示,必须由具有意思表示能力的自然人作出,在知情的前提下,依法自由作出的明确、特定的意思表示。若被检测人属无民事行为能力人或限制民事行为能力人,应由其监护人或法定代理人为之。同意的形式要件指这一同意的意思表示必须以书面形式作出,否则即视为未获得被检测人的同意。

我国《刑事诉讼法》并未专门就DNA检测分析问题进行特别的立法规范,而认为其是刑事DNA样本采样的题中应有之意。笔者认为,这一规定是不科学、不合理的。刑事DNA样本采样和分析侵害的法益各不相同。刑事DNA样本采样主要侵害了被追诉人、被害人等的身体权和人身自由权,而刑事DNA分析则侵害了被检测人的基因隐私权。被追诉人、被害人等同意提取其血液、毛发等生物检材,不代表其同意进行DNA检测分析。在我国目前公民科学技术知识水平还不高的情况下,公民同意抽血,可能仅仅认为是进行血液酒精检测或ABO血型测定等,若其知晓DNA检测有可能泄露其自身的基因缺陷,则有可能不会同意进行DNA检测分析。因此,我国刑事诉讼立法应就刑事DNA样本采样和分析分别进行不同的法律规范,应借鉴德国立法的经验,对于刑事DNA分析原则上需取得被检测人的同意或者由检察机关来审查检测的合理性、合法性,并作出检测的决定。结合我国当前的实际情况,侦查机关应向被检测人告知DNA分析的目的,并承诺DNA分析仅用于同一性比对或亲缘关系鉴定。

5.2.3 刑事DNA分析的检测机构

《德国刑事诉讼法》第81f条第2款规定:第81e条的检查应当在书面命令中委托官方指定的鉴定人或者依照《德国义务法》规定负有义务的鉴定人或者此类公职人员,即其不隶属于进行侦查的机关,或虽隶属此机关的一个组织单位,但该组织单位与进行侦查的职务机关在组织上和事务上相互独立。这些人员应当通过技术上和组织上的措施确保,已将不准许的分子基因检查和第三人的无权知悉排除。应当在不告知所涉及人员的姓名、地址及出生月日的情况下,将检查材料移送鉴定人。鉴定人为非国家机关时,适用《德国联邦数据保护法》第38条的规定,并附下列指示:即监督机关没有足够依据认定有违反规定的情形,且鉴定人不在数据文件中自动化处理涉及个人的数据,监督机关亦可监督数据保护规定的执行情况①。

该条对德国的DNA检测机构进行了详细的规定,接受DNA检测的机构和人员必须具有法定的资质。立法对DNA检测机构和人员的资质进行规范是为了保证DNA检测分析结果的可靠性。同时,该法对鉴定机构和人员进行了限定,即接受委托的机构和人员必须在组织上和事务上与侦查机关分离且独立。这是为了避免侦查机关之鉴定机构的主观追诉倾向,使鉴定人员免受来自侦查机关的干扰,保证DNA检测分析结果的客观性。同时,该条规定还采取一系列措施保护被检测人的基因信息。例如,只是移送检材,而不告知被检测人的姓名、出生日期、家庭地址等个人身份信息,可以使基因分析数据与被检测人分离,更好地保护个人的基因信息不被透露和不当利用。

在美国,要想成为DNA鉴定专家,必须拥有分子生物学、生物化学、法庭科学、化学或相关领域的正式教育背景;欲获得DNA联合索引系统网络正式认可或参与DNA联合索引系统的实验室,必须遵守DNA咨询委员会的指南规定,并获得联邦调查局实验室主管的批准。除了技术和质量保证程序外,美国还有对DNA检测人员特殊课程要求的规定,从事DNA检测和结论解释的科学家们必须完成遗传学、生物化学和分子生物学课程,他们还必须接受应用于法庭DNA检测的数据学和人口遗传学的培训。检测人员必须完成一个附有笔试或口试的培训项目,以证明他们具有执业各个方面所要求的能力。DNA检测人员每年必须接受继续教育,此种教育可以以上课、研讨会、实验室专门培训或网络课程等多种形式进行。除此之外,根据其从事检测的步骤和类型,DNA检测单位中的每个人每年都必须经过两次能力测验。通过确立此种要求,能使实验室保证是由既具备学科理论知识又具备

---

①参见宗玉珉译注:《德国刑事诉讼法典》,北京:知识产权出版社,2013年版,第43页。

实践经验的检测人员进行高质量的DNA检测分析①。

　　我国《刑事诉讼法》及相关司法解释规定,受理刑事DNA检测分析的机构和人员必须具备相应的资质,否则其出具的DNA鉴定意见不应被法官采信。目前,我国的鉴定机构管理分为两大类:侦查机关自设的鉴定机构和社会司法鉴定机构。我国各地市级公安机关均设立了自己的DNA鉴定机构并有在编的法医鉴定人从事DNA检测分析工作,这些鉴定人在组织上和财务上均受所在公安机关的管理。社会司法鉴定机构的设立是我国司法鉴定体制管理改革的主要成果,其主管机关为各级司法行政机关,但其在组织上和财务上是独立的。受理DNA检测分析的机构和人员必须具有司法机关颁发的法医物证资质许可证。在我国刑事诉讼司法实践中,刑事案件的DNA检测分析任务主要由公安机关内设的鉴定机构进行。为了体现刑事诉讼构造的合理性,笔者认为应借鉴德国立法和实践做法,将刑事DNA检测和分析工作交由社会司法鉴定机构和人员来进行。

---

①参见[美]李昌钰,伊莱恩·M.帕格利亚诺,凯瑟琳·瑞姆丝兰著:《神探李昌钰破案实录系列NO.6——犯罪密码》,李鑫,郑曦译,北京:中国政法大学出版社,2012年版,第171页。

6 刑事DNA证据的证据资格

无论在哪个国家和时代,审理案件的法官或者陪审团对于当事人双方提出来的各种形式的证据,是否加以采用、是否作为事实裁判的依据,都离不开两个基本问题的追问:第一,该证据可以进入诉讼程序,呈现于法庭审查判断吗? 第二,允许进入程序的证据在支持该方当事人的诉讼主张方面有多大的价值,能揭示、证实、反映当事人的事实主张吗? 前一个问题就是证据资格,即证据是否可采的问题;后一个问题就是证明价值或证明力问题①。刑事DNA证据亦然。要研究刑事DNA证据,必须解决刑事DNA证据的证据资格和证明力问题。

一般认为,证据资格是证明价值的前提,因此对证据的证据资格和证明价值进行二分法分析,但美国法上判断证据可采性即证据资格时,基本上是将其与证明价值结合在一起的。也就是说,一个科学证据只有具有相当的证明力时,按照《美国联邦证据规则》第702条的规定,才能具有可采性。美国刑事诉讼采用陪审制,由非职业法官的陪审团人员来进行案件事实认定,因此证据必须具有可采性,才可以提出于审判庭。对于包括DNA证据在内

---

① 参见邱爱民著:《科学证据基础理论研究》,北京:知识产权出版社,2013年版,第169页。

的科学证据的提出亦有同样的限制,特别是科学证据通常以专家证人形式出现。为了避免科学证据本身真伪不明,陪审团成员被误导,法官必须先对科学证据进行检验,以决定何者可以进入法庭。

证据能力是证据可以在诉讼中使用的资格,也被称为证据资格或证据的适格性。但是这种资格并非是从事实层面上所讲的哪些证据对案件事实具有实质的证明价值,而是源于法律的规定,是一种法律上的资格①。立法者设立证据资格规范的目的主要是基于一定的技术或政策目标考虑。

在刑事诉讼中,DNA证据对于查明案件事实真相具有至关重要的价值,但DNA证据的不当使用也会对被追诉人的人权造成过度侵害。例如强制采样常常会侵害被追诉人、被害人等的人身自由权和身体权,任意的刑事DNA检测分析和不当利用也会侵犯被追诉人的基因隐私权。我国刑事诉讼模式属于超职权主义模式,公安司法机关常常过分追求对犯罪的惩罚而忽视对被追诉人权利的保障,立法对于刑事DNA证据的使用几乎无任何限制性规定。因此笔者认为,应完善我国的刑事诉讼立法,从保障人权的角度,对刑事DNA证据的证据资格进行适当的限制。

自1984年英国杰弗里斯教授研究发现DNA可以作为个体身份识别的有力证据起,刑事DNA证据迅速在英国、美国等国家的刑事司法实践中被广泛应用。中国也追随这些发达国家的步伐积极展开了对刑事DNA证据的研究,并将刑事DNA证据作为不受质疑的科学证据提出于法庭且得到法庭毫无迟疑的采信。那么,刑事DNA证据真的就是"上帝的圣旨",无懈可击吗?

发现案件事实是刑事诉讼永恒的主题。对于案件事实的认定必须依据证据,定案的证据必须具有证据能力和证明力,两者缺一不可,相辅相成。证据能力是指进入庭审的证据必须受到某种限制。法律之所以对进入审判程序的证据进行限制,主要是基于两方面的考虑:第一,诉讼效率。证据能力审查可以将那些与案件无关的证据资料排除在诉讼之外,确保进入庭审的证据与待证事实之间具有相关性,从而提高诉讼效率,防止司法资源浪费。第二,诉讼公正。证据能力审查可以将不可靠或引起不适当偏见的证

---

①参见孙远著:《刑事证据能力导论》,北京:人民法院出版社,2007年版,第7页。

据排除在法庭之外,以保证法官或陪审团在认定案件事实过程中不受"污染"证据的误导。

提交于法庭的刑事DNA证据的表现形式为:物证、勘验检查笔录、鉴定意见或专家证言。在我国刑事诉讼中,刑事DNA鉴定意见的证据表现形式主要为刑事DNA鉴定意见书。因此,讨论刑事DNA证据的证据能力问题主要就是讨论刑事DNA样本和刑事DNA鉴定意见的证据资格问题,但从刑事DNA证据的形成来说,其包括两个层次的问题:第一层是刑事DNA样本的证据资格问题,第二层是刑事DNA鉴定意见的证据资格问题。从逻辑上来说,作为DNA载体的生物物证的证据资格必须先予以确认,才谈得上进一步审查刑事DNA鉴定意见的证据资格问题。

6.1 刑事DNA证据属性

证据问题是刑事诉讼的核心问题,确实充分的证据是刑事案件得以正确处理的基础和前提。我国《刑事诉讼法》对证据种类进行了分类。根据我国立法规定,刑事DNA样本是物证。物证是以其内在属性、外部形态、空间方位等客观存在的特征证明案件事实的物体和痕迹。所谓内在属性是指物证的物理属性、化学成分、内部结构、质量功能等特征。刑事DNA样本是以其DNA分子的碱基序列差异或长度差异性来证明案件事实的,因此刑事DNA样本系物证。刑事DNA鉴定意见是鉴定意见。仅凭刑事DNA样本无法直接或间接证明案件事实,尚需通过科学技术手段,由专业人员对刑事DNA样本进行分子基因学检测,通过检测结果来证明案件事实,因此,刑事DNA鉴定意见应属鉴定意见。DNA鉴定意见的结论应与案件事实之间具有相关性,有助于司法机关正确还原案件真相,但鉴定意见不是简单的鉴定人员对案件事实的描述和记录,而是鉴定人员在观察和检测分析科学数据的基础上进行的主观判断。在英美法系,鉴定意见被称为专家证言。刑事DNA证据采集过程中形成的各种记录系勘验检查笔录。勘验笔录是侦查人员对与犯罪有关的场所、物品、尸体进行勘察后所作的文字记录、绘图、拍照、录像等资料的总称。在侦查过程中,侦查人员对于犯罪现场提取的血痕、精斑、毛发等DNA样本必须记录其提取的部位、数量等,并进行绘图和拍照。人身检查是一种刑事侦查行为,其检查对象系活体,即被追诉人、被害人等。对被追诉人、被害人进行DNA样本采样时,必须记录采样的时间、地点、提取样品的种类、采样的数量、采样人和被采样人姓名等,形成检查笔录。

证据法学理论常根据不同的标准对证据进行不同的分类。根据国内学界的通说,依据不同的标准可将诉讼证据分为原始证据与传来证据、辩护证据与控诉证据、直接证据与间接证据等。刑事DNA证据系间接证据。依据证据与案件主要事实之间的证明关系,可以将证据区分为直接证据与间接证据。主要案件事实是指被追诉人是否实施了被指控的犯罪行为。刑事DNA证据只能证明犯罪现场或被害人体内的生物样本是否为犯罪嫌疑人所遗留,并不能直接证明被追诉人是否实施了犯罪行为。例如通过将被害人体内的精斑与犯罪嫌疑人的血液DNA样本进行DNA检测分析比对,结论为被害人体内精液系犯罪嫌疑人所遗留,仅能证明犯罪嫌疑人与被害人之间存在性行为,并不能直接证明犯罪嫌疑人违背被害人的意愿强行与其发生性关系。因此,刑事DNA证据非直接证据而是间接证据。

刑事DNA证据既是控诉证据也是辩护证据。按照证据对刑事案件的证明作用,可以将证据区分为控诉证据和辩护证据[1]。控诉证据是指能够证明犯罪事实发生,被追诉人有罪或应从重处罚的证据。辩护证据是指能够证明案件事实没有发生,被追诉人无罪或罪轻的证据。刑事DNA证据本身是客观的,既可以作为公诉机关的控诉证据证明被追诉人有罪或应从重处罚,也可以被辩护方提交于法庭以证明被告人无罪或应从轻处罚。当犯罪现场的DNA样本与犯罪嫌疑人的DNA样本的同一性比对为匹配时,则刑事DNA证据为控诉证据,否则即为辩护证据。美国学者在《美国错案报告(1989—2003)》中指出,在过去的15年里,错案率急剧上升。从20世纪90年代初期每年约12件到2000年以后平均每年43件。从1999年起,大约半数错案都

---

[1]参见叶青主编:《诉讼证据法学》,北京:北京大学出版社,2006年版,第101页。

是依靠DNA证据发现的①。美国巴里·谢克律师和彼得·诺伊菲尔德律师在纽约的叶史瓦大学本杰明·卡多佐法学院创立了"无辜者计划",1989年,他们运用DNA指纹图谱使一名重罪犯被开释,因为在对其审判前未对从证据中获得的DNA样本进行检测,这也成为第一个嫌犯因DNA证据而被无罪开释的案件②。

刑事DNA证据系原始证据。按照证据与案件事实的关系不同,可以将证据分为原始证据和传来证据。凡是直接来源于案件事实或原始出处的证据系原始证据,否则即是传来证据。刑事DNA样本系直接从案件现场或被追诉人、被害人等体内提取的生物物证,是犯罪嫌疑人等在实施犯罪过程中所遗留下的痕迹,因此刑事DNA样本是原始证据。刑事DNA鉴定意见系意见证据。鉴定意见是鉴定人对案件中的专门性事实问题提出的科学意见,属于意见证据范畴。刑事DNA鉴定意见是鉴定人对案件中的个体身份识别问题和亲缘关系问题所提出的理性意见,而不是感性认识。刑事DNA鉴定人只就个体身份识别问题和亲缘关系问题等事实问题发表意见,而不解答法律争议问题。

6.2 刑事DNA样本的证据资格

刑事DNA样本是与人体有关,以其生物成分和特性来证明案件事实的物证,通常包括血液、精液、阴道分泌液、乳汁、唾液、鼻涕、尿液、羊水及其斑痕、毛发、指甲、骨骼和牙齿、人体各种组织器官及其碎块等③。在刑事案件实施过程中,特别是故意杀人、抢劫、强奸等案件中,常常出现人身伤害和死

---

①参见王志刚著:《DNA证据的应用与规制》,北京:知识产权出版社,2015年版,第41页。

②参见[美]李昌钰,伊莱恩·M.帕格利亚诺,凯瑟琳·瑞姆丝兰著:《神探李昌钰破案实录系列NO.6——犯罪密码》,李鑫,郑曦译,北京:中国政法大学出版社,2012年版,第171页。

③参见侯一平主编:《法医物证学(第3版)》,北京:人民卫生出版社,2009年版,第2-3页。

亡。由于个体与个体间或个体与环境物品间发生接触,会遗留有血液、毛发、精液或唾液等,这些生物物证通常细小且分布范围广泛,被追诉人很难彻底将其销毁,这些生物物证可以为案件侦查提供线索。

刑事DNA样本的证据资格是指刑事诉讼中,DNA样本作为证据证明案件事实所应具备的资格。DNA样本同其他证据一样,必须与案件事实具有相关性,这是DNA样本具有可采性的基础条件。何为关联性?《美国联邦证据规则》第401条对关联性进行了定义,即所提供的证据如果具有某种倾向,使某项待证事实的存在比没有该项证据时更有可能或更无可能,那么这项证据就具有关联性。关联性并不是一项证据的内在特征或存在形式,它所涉及的是特定证据材料与待证事实之间的关系。关联性适用于任何形式的证据材料,它是证据可采性的前提条件。同样,刑事DNA样本也必须与案件事实之间具有相关性,否则不具备证据资格。

刑事DNA样本的采样通常分为两类:第一类是犯罪现场DNA样本的提取,第二类是对人体DNA样本的提取。第二类又可以细分为对被追诉人DNA样本的提取、对被害人DNA样本的提取和对第三人DNA样本的提取。在刑事诉讼中,对人体DNA样本的提取通常被认为是一种刑事侦查措施,即搜查或人身检查措施。本书前文已对刑事DNA样本的采样进行了详细的论述,无论是英美法系国家还是大陆法系国家,对于刑事DNA样本采样原则上都需取得被采样人的同意,否则刑事DNA证据不具有可采性。但为了实现追诉犯罪的需要,法治发达国家均对强制采样措施进行了相应的法律规范,以实现对侦查权的监督和控制。

在美国,刑事DNA样本强制采样被界定为一种特殊的搜查行为,而德国刑事诉讼立法则将刑事DNA样本采样界定为一种人身检查行为,但都必须取得法官签发的许可令状,除特殊情况外,侦查机关不得自行决定采取DNA样本采样措施,否则其取得的DNA样本系非法证据,应被排除。在英国刑事诉讼立法中,对于刑事强制DNA样本采样行为原则上必须取得上级警官的许可,否则刑事DNA样本为非法证据。

我国刑事诉讼立法并未对刑事DNA样本的证据资格问题进行规范,这是立法的严重缺失。我国《刑事诉讼法》规定,对于被追诉人的采样应取得被追诉人的同意,但其拒绝时,侦查机关可以强制采样,强制采样所得的证据具有证据资格。对于被害人的DNA样本采样必须取得被害人的同意,侦查机关无权进行强制采样。在刑事司法实践中,侦查机关强制提取的被害人DNA样本是否可以作为证据使用呢? 我国法律未进行规定。笔者认为,违背被害人自主意愿所取得的DNA样本不得作为指控被追诉人有罪的证据。但司法实践中,常常因为被害人拒绝采样而使案件陷入真伪不明的状态,所以笔者建议,应完善我国关于刑事DNA样本强制采样的规定,将被害人和第三人纳入可强制采样的范围,但法律必须严格规范强制采样的条件和法律程序,对于违反法定条件或程序采集的DNA样本,应视为非法证据予以排除。

我国《刑事诉讼法》未就自被追诉人采集的DNA样本的保存和销毁进行法律规制。司法实践中另案保存的DNA样本理所当然被认为具有证据资格。国外司法实践界却对此问题存在争论,其中即涉及DNA样本的销毁问题。下面举一案例进行说明。

案例6-1:

S. and Marper v. the United Kingdom 案在英国历经三个法院的救济程序,行政法院、上诉法院及上议院针对有关"保存DNA样本是否具有干预性"存在截然相反的观点。本案的第一申请人S.是一位12岁的男孩,其于2001年1月19日(当时年龄11岁)被逮捕,并以意图抢夺罪被起诉,其指纹及DNA样本在当时均被采集,S.而后在2001年6月14日被宣告无罪。第二申请人Marper,在2001年3月13日被逮捕,并因骚扰其配偶罪被起诉,其指纹及DNA样本均被采集,后与其配偶达成和解,诉讼程序终止。二位申诉人均要求南约克郡警方销毁其当初采集的DNA样本及指纹,但被警方拒绝。申诉人遂请求行政法院对警方拒绝销毁指纹及DNA样本的决定进行司法审查,2002年3月23日被行政法院驳回。同年9月12日,上诉法院以二票对一票维持行政法院的决定。2004年7月22日,上议院驳回申诉人的上诉。申诉人因而向欧洲人权法院提起诉讼,主张南约克郡警方依据《警察与刑事证据法》第64条(1A)规定保存其指纹、DNA样本及DNA档案已违反《欧洲人权公约》第8条的规定。欧洲人权法院认为:在Van de Velden案中,法院考量到身体细胞物质在未来可预见的使用性,对于此种物质的系统保存具有侵入性,从而体现出对私人生活受尊重权的干预。法院认为不能忽视未来与基因信息有关的私人生活利益,因在今日仍无法精确预期的新方式或新方法而受到不利影响的可能性,因此,无充分理由去背离在Van de Velden案中所作的判决。此外,法院还认为DNA样本除具有高度个人识别的特性外,还包含许多与个人相关的敏感信息(健康信息等)及其亲属独一无二的遗传密码。考虑到DNA样本所包含的个人信息的特性及数量,应认为保存行为本身应被视为对个人私人生活受尊重权的干预。

通过上述案例的分析研究,笔者认为,应当修改我国的《刑事诉讼法》,确立刑事DNA样本的保存及销毁的相关规则,以确保被追诉人、被害人或第三人及其近亲属的DNA基因信息的合理、合法使用,防止控诉机关的不当使用,以保障公民的个人生活隐私权。

6.3 刑事DNA鉴定意见的证据资格

物证系间接证据,无法直接证明案件事实本身,它需要借助于其他渠道来证明其与案件事实之间存在某种关联后才可以作为证据使用。例如,犯罪现场提取到的某种物品,如果无法证明其与案件事实之间存在客观的联系,那么该物品就不能成为定案的根据。我们判定物证能否作为定案根据的一个基本前提,就是其必须与案件事实之间存在关联性,而在实践中,判定物证是否与案件事实之间存在关联的最常用方法包括鉴定和辨认[1]。我国最高人民法院、最高人民检察院、公安部、国家安全部和司法部联合发布的《关于办理死刑案件审查判断证据若干问题的规定》(以下简称《办理死刑

---

[1]参见宋英辉,孟军,何挺等著:《死刑案件证据运用指引建议论证稿》,北京:法律出版社,2016年版,第27页。

案件证据规定》)第6条规定了对物证、书证应当着重审查的内容,其中第(四)项规定:"物证、书证与案件事实有无关联。对现场遗留与犯罪有关的具备检验鉴定条件的血迹、指纹、毛发、体液等生物物证、痕迹、物品,是否通过DNA鉴定、指纹鉴定等鉴定方式与被告人或者被害人的相应生物检材、生物特征、物品等作同一认定。"

鉴定是指具有特别知识经验的人,就其专门知识经验或依据其专门知识经验实验所得出的结果。所谓专门知识经验,并未限定其存在形式,只强调其为法官或检察官所未具备者。鉴定意见是具有鉴定资格的专业人员就案件中的专门性问题向司法机关提供的结论性意见。鉴定意见不是对案件事实的客观记录和描述,而是鉴定人员在科学检测分析的基础上所作的主观判断。根据所要解决的专门问题不同,可以对鉴定意见进行不同的分类。刑事DNA鉴定所要解决的专门问题包括两个方面:第一,个体身份识别问题;第二,亲缘关系判定问题。

日本学界对于科学证据的证据资格问题,主要是就个别科学证据探讨其证据资格。对证据的科学性问题,不会将注意力集中于原理是否确切和方法是否适当的讨论上,很少对科学证据的证据资格问题进行普适的考察。因此,日本学界较关注科学证据结果的可信性及是否与案件事实有关联性。日本刑事诉讼中,对于当前DNA证据基本原理的科学性和检测技术的妥当性持肯定态度,且对依上述条件正确检测的DNA鉴定结论也持肯定意见,但仍应审慎判断鉴定人的选择是否适当、鉴定检材的保管和鉴定程序是否规范等问题。

刑事DNA样本具有证据资格是刑事DNA鉴定意见具有证据资格的基础性前提条件,对非法取得的刑事DNA样本进行分析检测所作出的鉴定意见不应具有证据资格。《办理死刑案件证据规定》第23条规定:"对鉴定意见应着重审查以下内容:……(四)检材的来源、取得、保管、送检是否符合法律及有关规定,与相关提取笔录、扣押物品清单等记载的内容是否相符,检材是否充足、可靠。"上述规定将检材的来源和取得的合法性作为鉴定意见具有证据资格的前提条件。宋英辉教授等认为,控辩双方在法庭上出示物证、书证,必须提供证据发现、固定、提取、保全情况的相关材料,并证明物证、书证在刑事诉讼中流转的合法性及其真实性未受其他因素的影响。不提供相关材料证明的,该物证、书证不得作为定案的根据。

对于合法取得的刑事DNA样本进行鉴定所得出的结论是否一概具有证据资格呢? 答案当然是否定的。我国《刑事诉讼法》及司法解释对鉴定意见的证据资格问题进行了相应的法律规范。陈瑞华教授将"四个合法性"作为审查判断证据能力的标准,即取证主体的合法性、证据表现形式的合法性、取证手段的合法性以及法庭调查程序的合法性[①]。下文将以"四个合法性"为出发点,结合我国相关司法解释的规定,对刑事DNA鉴定意见的证据资格问题进行分析论述。

6.3.1 刑事DNA鉴定主体的合法性

刑事诉讼法对控方证据的取证主体作出了明确的限制性规定。鉴定是为司法证明服务的一种特殊科学认识活动,其任务是解决案件中的专门性问题,刑事案件中的专门性问题多种多样且涉及众多学科领域,因此鉴定主体必须是在相关学科领域内具有鉴定资格的专业人员[②]。《办理死刑案件证据规定》第23条第(二)项规定,鉴定机构和鉴定人是否具有合法的资质也是应着重审查的内容。鉴定机构和鉴定人必须具有鉴定资格,否则其作出的鉴定意见不能作为定案的根据。出具鉴定意见的鉴定机构应是公安部、最高人民检察院、司法部依法设立或批准成立的鉴定机构。对鉴定人鉴定资格的审查,主要包括:鉴定人是否具有解决鉴定问题的专门知识,是否经过公安司法机关的指派或聘请,是否为自然人,是否取得公安部、最高人民检察院、司法部颁发的鉴定人资格证,鉴定人根据我国《刑事诉讼法》的规定是否存在应当回避而没有回避的情形。

2005年全国人大常委会通过了《关于司法鉴定管理问题的决定》,规定

---

①参见陈瑞华:《关于证据法基本概念的一些思考》,载《中国刑事法杂志》,2013年第3期。

②参见何家弘,刘品新著:《证据法学(第五版)》,北京:法律出版社,2013年版,第178页。

国家对从事司法鉴定业务的鉴定机构和鉴定人实行登记管理制度,接受DNA鉴定业务的鉴定机构和鉴定人必须具备法医物证鉴定资质。鉴定人必须具备下列条件之一:①具有从事法医物证学、分子生物学等的高级职称;②具有从事DNA鉴定的专业资格或高等院校生物学、法医物证学、分子生物学等本科以上学历,且从事DNA鉴定工作五年以上;③具有从事DNA鉴定工作经验十年以上,且具有较强的专业技能。否则鉴定人不得从事DNA鉴定业务,其出具的鉴定意见亦不具有证据资格。

对鉴定机构的审查主要是审查其是否具备从事DNA鉴定的相关软硬件条件。中华人民共和国公共安全行业标准(GAC/T 382—2002)《法庭科学DNA实验室规范》对从事DNA鉴定的实验室条件进行了相应的行业规范,包括:人员素质要求、岗位设置与职责、仪器和试剂、实验室设置、操作手册、案件记录、DNA分析方法、分析程序要求等。《办理死刑案件证据规定》第24条规定,鉴定机构不具备法定的资格和条件、鉴定事项超出本鉴定机构项目范围或者鉴定能力、鉴定人不具备法定的资格和条件、鉴定人不具有相关专业技术或者职称、鉴定人违反回避规定,具有上述情形之一的,其出具的鉴定意见不得作为定案的根据。因此,对刑事DNA鉴定意见的审查应从鉴定机构和鉴定人两方面进行,任一方面不符合条件,其出具的刑事DNA鉴定意见就不具有证据资格。

6.3.2 刑事DNA鉴定意见表现形式的合法性

证据表现形式的合法性是指证据载体在记录证据收集过程和证据相关情况方面符合法定的要求。大体说来,这些证据表现形式上的要求有以下几个方面:一是证据收集的时间、地点的载明;二是主持证据收集活动的侦查人员的签名,如笔录制作人、勘验人、讯问人、询问人、搜查人、扣押人等签名;三是参与证据收集活动的被讯问人、被询问人、被搜查人以及见证人等的签名;四是证据收集、制作、固定、保全的过程和情况;五是所收集的相关证据的具体情况,包括证据的原来方位、特征等内容①。

《办理死刑案件证据规定》第23条第1款第(四)项指出,对于鉴定意见应审查原始检材的情况:第一,检材的来源是否合法、保管是否科学妥当、检材量是否充足、送检是否符合法律及有关规定;第二,检材取得与提取笔录、扣押物品清单等的记载是否一致。送检的DNA样本是刑事DNA鉴定的前提和对象,也是形成刑事DNA鉴定意见的基础。如果提供的DNA样本是错误或虚假的,则得出的鉴定意见必然不真实。如果送检的DNA样本不充足,也难以得出正确的鉴定意见。对于提取笔录、扣押物品清单等内容记载不详的DNA样本,通常让人怀疑其来源的合法性和可靠性。《办理死刑案件证据规定》第24条第(五)项、第(六)项规定,鉴定对象与送检材料、样本不一致的,送检材料、样本来源不明或确实被污染且不具备鉴定条件的,鉴定意见不能作为定案的根据。在刑事DNA鉴定中,在鉴定人所依据的检材和样本与委托机关送检的DNA样本不一致或DNA样本被污染的情况下,都不可能得出正确的鉴定意见,因此这样的刑事DNA鉴定意见不具备证据资格。

鉴定文书的合法性也是刑事DNA鉴定意见表现形式合法性的重要内容。司法鉴定文书是司法鉴定机构和司法鉴定人依照法定条件和程序,运用相关领域的专业知识和科学技术手段,对诉讼涉及的专业性难题进行分析研究后出具的记录和反映司法鉴定过程和司法鉴定意见的书面载体。依据我国《刑事诉讼法》的规定,鉴定人完成司法鉴定后,必须以书面形式出具鉴定意见。司法鉴定意见书不仅反映了委托机关委托鉴定的事项和要求,还记载着鉴定人员实施鉴定的整个过程,包括采取的鉴定方法等,司法鉴定意见书的最后必须有明确的鉴定意见。刑事DNA鉴定意见书形式的合法性主要体现在以下方面:

(1)制作主体的合法性。刑事DNA鉴定意见书的制作主体由法律规定。刑事DNA鉴定意见书的制作主体必须具备合法的从事DNA鉴定的资质,且必须由两名刑事DNA鉴定人共同制作。不具备刑事DNA鉴定资格的

---

① 参见陈瑞华:《关于证据法基本概念的一些思考》,载《中国刑事法杂志》,2013年第3期。

鉴定人或未达两名鉴定人出具的刑事DNA鉴定意见书则不具有合法性。刑事DNA鉴定意见书同时还应有具备相应资质的鉴定机构加盖的公章。《办理死刑案件证据规定》第24条第1款第(八)项规定,鉴定文书缺少签名、盖章的刑事DNA鉴定意见应被排除,不能作为定案的根据。

(2)制作格式的规范性。刑事DNA鉴定意见书的内容,以有序化作为规范,包括叙述事实要素化、援引法律条款和技术标准要规范化、列举事实的组合排列要链条化、鉴定意见的表述要标准化。刑事DNA鉴定意见书的格式以使用统一的格式为规范,包括格式的结构规范,格式所列的事项规范和启承段落层次的界定术语规范等。刑事DNA鉴定意见书使用的语言文字、标点符号、专业术语、计量单位等应符合国家标准,使用的词语和句子应准确、精炼、严谨,应符合公文语体规范和语法规范等①。

(3)鉴定程序的合法性。在美国,由于采用专家证人制度,当事人可以聘请民间鉴定机构鉴定人提出专家证据,然而在刑事鉴定实验室,适当的科学标准却普遍被忽略。20世纪70年代中期,美国国家司法研究所在针对犯罪实验室的测试中发现,大多数实验室皆缺乏实验室操作标准,并特别指出粗糙的鉴定程序及证物监管不当的问题。何为鉴定程序?我国《刑事诉讼法》并未进行相应的立法规范。我国有学者认为,对被害人的死亡原因、身份、损伤程度、提取的与案件事实可能有关联的血迹、体液、毛发、人体组织、指纹、足迹、字迹、可疑毒品、爆炸物等生物样本、痕迹和物品,均应当进行鉴定。具备作同一认定条件的,原则上均应作同一认定②。司法部颁布的《司法鉴定程序通则》第2条对司法鉴定程序进行了明确的定义,即司法鉴定程序是指司法鉴定机构和司法鉴定人进行司法鉴定活动的方式、步骤以及相关规则的总称。刑事DNA鉴定程序主要包括刑事DNA鉴定的启动、侦查机关委托、鉴定机构受理、鉴定人检验和鉴定意见书形成等一系列程序。鉴定程序的规范性和合法性是鉴定意见合法性和可靠性的重要保障。

---

①参见杜志淳主编:《司法鉴定概论》,北京:法律出版社,2010年版,第128-129页。

②参见宋英辉,孟军,何挺等著:《死刑案件证据运用指引建议论证稿》,北京:法律出版社,2016年版,第74页。

　　刑事DNA鉴定的启动是指由谁来决定进行DNA鉴定,即刑事DNA鉴定的决定权。根据我国《刑事诉讼法》第144条的规定,刑事DNA鉴定由公安机关、检察机关和法院等专门机关启动,属于职权主义模式。在德国刑事诉讼中,刑事DNA鉴定也是由法官签发令状许可而启动的。根据我国《刑事诉讼法》第146条的规定,被追诉人、被害人仅享有补充鉴定或重新鉴定的申请权,而无启动刑事DNA鉴定的决定权。刑事DNA鉴定委托是指公安机关、检察机关、法院决定启动刑事DNA鉴定后,委托相关的鉴定机构和鉴定人进行刑事DNA鉴定的程序,具体包括委托机关出具鉴定委托书、出具委托人的身份证明,并根据鉴定要求提供相关的鉴定材料。鉴定委托书需要写明委托主体的名称、具体的鉴定事项和要求、是否为重新鉴定,鉴定材料包括生物样本和文字资料。生物样本是指与刑事DNA鉴定目的相关的生物检材;文字资料指与鉴定事项有关的文字记录,包括现场勘验笔录、讯问笔录等。侦查机关作为委托人有义务保证向司法鉴定机构提供的鉴定材料客观、真实。委托人不得向司法鉴定机构和司法鉴定人提出其他不合法的要求。司法鉴定机构应当统一受理司法鉴定的委托。

　　鉴定机构对刑事DNA鉴定委托应当在受理前进行必要的审查:第一,侦查机关的委托鉴定事项是否在本机构取得国家许可的资质范围内;第二,鉴定事项是否为个体身份识别鉴定或亲子关系鉴定;第三,侦查机关提供的DNA样本是否充分、完整。对于符合上述三个条件的,鉴定机构可以统一受理,并签订鉴定协议书。鉴定协议书应明确记载委托主体信息、委托事项、用途、简要案情,并详细记录委托人提供的DNA样本类别和数量等。

6.3.3　鉴定方法的科学性

　　1992年,美国国家科学院中的国家研究委员会公布一份报告,建议对鉴定实验室执行严格标准,认为只有鉴定实验室以最高的科学标准进行鉴定工作,并进行准确度测试时,刑事鉴定结果才有效。然而报告中并未说明应由何人执行准确度测试、决定标准为何或规定哪些实验室须达此标准。

1997年,连FBI实验室亦未达美国犯罪实验室认证委员会的认可标准①。科学有效性要求高准确度与高实验室标准的持续。高实验室标准的维持,也是道伯特判决的要素,且包含错误率,而成为可靠性的指导方针。

在刑事司法实践中,技术人员对于需进行何种DNA检测,通常会根据不同的DNA样本条件进行判断。在美国法庭科学实验室有两种基本的DNA检测类型:核检测和线粒体检测以及前者的几种变种。由于大多数生物证据具有证据意义,法庭科学DNA实验室采用常规的细胞核检测,首先检测13个核心短串联重复序列(STR)多态性。这些结果要进入FBI的DNA联合检索系统(CODIS),在三个数据库中进行比对检索,这三个数据库是已决重犯数据库、犯罪现场DNA图谱数据库、身份不明人员的DNA数据库②。

通常情况下,技术人员可以从犯罪现场发现的生物样本中提取出核DNA,且核DNA分型的证明价值更高。对于线粒体DNA检测,只有在无法提取到核DNA的前提下才被采用,例如,在犯罪现场只提取到不带毛根的毛发样本,由于细胞本身不含有核DNA,因此只能提取细胞质中的线粒体DNA进行检测分析。因此,对于DNA检测方法的选择是由样本本身的生物学特性所决定的。

有时候对于作为证据使用的DNA样本仅要求进行Y-STRs的检测,这只能对Y染色体进行评估。因为在性犯罪案件中只有少量的男性细胞核DNA是可得的(更大量的是阴道分泌液),所以有可能获得留下精液的男性Y-STRs分型。第三代细胞核DNA检测方法是进行单核苷酸多态性(SNPs)分析,尽管在美国还没有公立的法庭科学DNA实验室进行SNPs方面的常规分析,然而自"9·11"恐怖袭击案件的鉴定活动中使用了该方法后,在一些DNA被过度破坏以至于无法进行标准测试的案件中,这种基因组信息的使用也引起了人们的广泛关注。

---

①参见[美]Jon Zonderman著:《走出犯罪实验室——全新的侦查科学》,李俊億译,台北:商业周刊出版公司,2000年版,第26—28页。

②参见[美]美国国家科学院国家研究委员会著:《美国法庭科学的加强之路》,王进喜译,北京:中国人民大学出版社,2012年版,第135页。

6.4 刑事 DNA 证据与证据规则

由于科学证据具有较高的可信度,因此在刑事诉讼中大量使用科学证据作为发现案件真相的重要工具。为了达到查明案件事实的目的,防止冤假错案的发生,法官需要对适用的科学知识、技术或方法等是否可靠,获取科学证据的过程、适用科学知识或技术是否正确等进行审查。

刑事证据规则是关于刑事证据收集、采信、核实、运用的规则。刑事证据规则的产生和发展在很大程度上不是基于刑事证据本身的发展,而更多地关注对使用刑事证据的主体——控辩审三方权力的赋予和限制。刑事证据是认定犯罪案件事实的基础。从实然的角度看,先有刑事案件事实,然后相应地产生刑事证据。然而从刑事司法程序看,却是先有刑事证据,然后才有刑事案件事实的认定。刑事司法的目的是查清已经发生的案件事实,然而时空的不可逆转性决定了我们无法让已经发生的事件重复再现,只能依靠事件发生时遗留的刑事证据去探究案件事实的真相。刑事证据是已发生刑事案件遗留下来的痕迹,这种痕迹通过多种形态反映出来(比如血迹、精斑、证人证言、被害人陈述等),是一种客观存在的状态,然而这种客观状态却有一定的不确定性。一方面,由于刑事证据反映的案件情况往往不全面而且角度不同,需要将这些刑事证据进行归纳、分析和整合;另一方面,刑事证据通过一定形态反映出来,其中不可避免地被加入一些干扰因素,比如记忆的误差、主观的判断,当然还有人为的错误引导等,需要进行辨别、比对、去伪存真,由此,便产生了证据规则。

英国、美国等法治发达国家的定罪程序和量刑程序是分离的,对于案件事实的认定是陪审团的职责,而法官却只负责法律的适用。由于陪审团人员均为非法律专业人员,未受过法律教育,容易受控辩双方不良证据的影响而产生误导,所以需制定一系列法定的证据规则对陪审团成员审查证据的行为加以约束。客观地说,证据规则不是针对证据本身的规则,而是一种规范司法程序的规则①。

6.4.1 刑事DNA鉴定意见与传闻证据规则

传闻证据是英美证据法中特有的证据概念②。美国学者华尔兹对传闻证据的特征进行了概括:第一,传闻证据系一种口头的、书面的或非语言行为的意思表示;第二,传闻证据适用的对象为非证人本人;第三,传闻证据适用场合为审判程序或讯问程序中;第四,传闻证据的证明目的是证明相关事实之真伪③。根据传闻证据规则,原则上排除传闻证据的可采性,即对传闻证据禁止呈现在陪审团面前,已经提交的,陪审团不得将其作为评议的依据。这就要求证人必须就其直接感知的案件事实的真实性直接作证。由直接感知案件事实的人当庭作证与采纳传闻证据相比,前者更容易查明事实的真相。

在日本刑事诉讼中,一般鉴定书被认为系依《刑事诉讼法》第321条第4项的规定而作出,属于传闻证据的例外,因此鉴定书不因传闻证据规则被排除。对于侦查机关委托鉴定的鉴定报告书准用该条规定,也未违反传闻证据规则。而我国刑事诉讼实务中,常将鉴定意见作为"书证"来进行法庭调查,因此容易忽略此事。然而,鉴定意见既为鉴定人基于其专业知识和经验所作出的判断,事实上应属传闻证据,而有传闻证据规则适用的问题。

虽然刑事DNA证据本身具有高度科学性的特征,似乎无须接受传闻证据规则的检验,我国以前的刑事诉讼法并不要求鉴定人必须出庭作证。在DNA鉴定人不出庭的情况下,其所出具的DNA鉴定意见也被法庭无条件采信。由于DNA证据系科学证据之一,具有很强的专业性,在很多情形下,如果不审查DNA鉴定意见中所描述的检材记录、检验结果和统计学处理过程,很难判断刑事DNA鉴定意见的可靠性。因此必要时,不仅需要DNA样本提

---

①参见吴丹红:《证据法学研究的迷思——在西方样本和中国现实之间》,载《政法论坛》,2006年第6期。

②参见卞建林著:《证据法学》,北京:中国政法大学出版社,2002年版,第347页。

③参见[美]乔恩·R·华尔兹著:《刑事证据大全》,何家弘等译,北京:中国人民公安大学出版社,1993年版,第81页。

取、保管、送检的侦查人员和鉴定人员出庭作证,而且应当引入分子生物学、遗传学等方面的专家出庭,帮助法官、辩护人和检察官正确地理解和判断刑事DNA证据的合法性和可靠性。我国《刑事诉讼法》第192条第2款和第187条第3款规定,DNA鉴定人违反传闻证据规则,不出庭接受公诉人和辩护人的质证,其出具的DNA鉴定意见不得作为定案依据。

笔者认为,我国《刑事诉讼法》关于刑事DNA鉴定意见质证的规定存在较大缺陷。在被追诉人和其辩护人对DNA样本的提取方法、保管方式及送检过程产生怀疑的情况下,为了实现对刑事DNA鉴定意见可靠性、合法性的有效质证,不仅鉴定人应出庭作证,提取DNA样本、保管DNA样本和送检DNA样本的侦查人员也应出庭接受质证,对提取DNA样本过程和方法的合法性、DNA样本保管的科学性以及DNA样本送检的规范性向法庭进行说明。

6.4.2 刑事DNA证据与相关性规则

刑事证据的相关性与客观性、合法性一起构成刑事证据的三大属性。刑事证据的相关性即刑事证据应该与案件事实或案件争点有实质性的联系并具有证明力。证据的相关性可以分为证据能力意义上的相关性与证明力意义上的相关性。我国台湾地区学者蔡墩铭教授认为,证据之关联性分别存在于证据能力与证据证明力,即法律关联性与证据能力有关,而事实关联性与证据证明力有关[1]。陈朴生教授认为,证据之关联性,得分为证明能力关联性与证明价值关联性两种。前者属于调查范围,亦即调查之前之关联性;后者属于判断范围,亦即调查后之关联性[2]。证据能力意义上的相关性指证据在具备法律所赋予的证明待证事实资格之时必须符合法律预先要求的形式上的关联属性;证明力意义上的相关性指证据经法庭调查后的结果与待证事实之间具有证明作用的实质性联系。证据能力意义上的相关性更多依赖法律的明确规定,法官自由裁量的余地相对较小,而证明力意义上的

---

[1]参见蔡墩铭著:《刑事证据法论》,台北:五南图书出版公司,1997年版,第396页。
[2]参见陈朴生著:《刑事证据法》,台北:三民书局,1979年版,第275-276页。

相关性则主要依赖法官在案件审理过程中,综合各种因素而内心确信[①]。

证据的相关性问题从似然率角度来说,如果一项证据的似然率不等于1,那么它会改变认定事实的优势比。如果一项证据的似然率大于1,那么它会提升我们对一项主张的优势比的评价。反之亦然,如果一项证据的似然率小于1,那么它会降低我们对一项主张的优势比的评价。因此,任何一条似然率不为1的证据都是具有关联性的证据。从原则上来说,具有关联性的证据必须在事实认定的过程中加以考虑。证明价值显然与似然率有直接的关系。似然率或其倒数越是大于1,证据的证明价值也就越高。当证据的似然率与1非常接近时,如果该证据所耗费的成本太高,那么我们认为该证据的证明价值低并且不值得去考虑。一些新型的证据可能会有这样低价值的似然率[②]。

美国证据法学大师乔恩·R·华尔兹教授认为:“实质性和证明性加在一起就等于相关性。”[③]证明性是指证据具有逻辑地推导出案件事实的能力,其实质是本身具备说明案件事实有序性的内在品质。由于实质性是一个前提问题,决定其范围的实际上是案件本身,核心是定罪量刑的需要,因而在一定意义上这只是一个刑法问题。相关性问题主要是科学的、自然的经验法则,而不是逻辑推断,其本质是指相关性存在一定的可信度,这种可信度从分析上讲是盖然性的,从证据上讲确认的是优势证据。

证据的相关性在英美法系国家的地位是极高的,由此建立的相关性规则,被视为英美法系的一项基础性规则。因此,大多数英美法系国家都对证据的相关性问题进行了具体规定。美国《联邦证据规则》对于证据相关性问题的规定最为典型,它的最大特点在于明确规定了相关性的定义以及确立了一系列的排除规则。美国《联邦证据规则》第401条对具有相关性的证据

---

①参见奚玮,余茂玉:《论证据能力意义上的关联性》,载王进喜,常林主编:《证据理论与科学——首届国际研讨会论文集》,北京:中国政法大学出版社,2009年版,第209页。

②参见[美]伯纳德·罗伯逊,G.A.维尼奥著:《证据解释——庭审过程中科学证据的评价》,王元凤译,北京:中国政法大学出版社,2015年版,第29页。

③[美]乔恩·R·华尔兹著:《刑事证据大全》,何家弘等译,北京:中国人民公安大学出版社,1993年版,第15页。

进行了概念界定,而第402条则进一步规定"相关证据一般可以采纳;无相关性的证据不能采纳"。

1975年,美国联邦参议院与众议院制定《联邦证据法》,作为联邦法院审判程序的证据法则。《联邦证据法》第702条规定:科学上、技术上或其他特殊知识,如有助于事实审理者了解证据,或决定争议时,具有此知识、技术、经验、训练或教育专家资格的证人,可以以意见或其他方式进行作证。该法对证据的可采性采取许可的态度,最主要的可采性规定则是关联性法则。对于任何由合格的专家证人所支持的有关联性的结论,都应被允许。因为任何关于可靠性的争议,只可能影响证据的证明力,而非证据的可采性。

在美国《联邦证据法》出台近二十年之际,由于《联邦证据法》对证据的可采性采取较佛莱伊法则(普遍接受原则)宽松的态度,导致庭审中充斥着"垃圾科学"的现象,为解决此一难题,出现了道伯特案判决。道伯特判决确立了一个适用于所有科学领域,针对科学证据可采性的一般标准与方法,且可以区别真科学与伪科学。首先,美国联邦最高法院认为佛莱伊法则已为1975年《联邦证据法》所取代。《联邦证据法》第702条要求科学证据是根据科学知识,且必须有助于事实审理者了解证据或决定争议的。因此,道伯特判决要求科学证据的方法必须是可靠的,即是以科学知识为基础的。在此背景下,证据的可靠性非常类似于科学的有效性。当科学家使用"科学"的名词时,道伯特判决要求区分证据的可靠性和科学的可靠性,而证据的可靠性在科学的背景下应被定义为科学的有效性。也就是说,道伯特判决认为以无效假说为基础的无效实验,可能产生一致且相当类似的结果,虽然在科学上是可靠的,但并非证据上的科学有效与可靠。其次,科学证据必须具有关联性,即必须有助于事实审理者了解证据与决定争议。

在审查法庭科学证据时,我们往往倾向于要求具有较高的似然率。DNA证据的似然率有时会高达百万。霍普金森曾经全面地研究了所谓的"高证明价值"的各种标准。如果似然率低于100,法庭就有可能认为此证据是毫无价值的。在澳大利亚的 R v. Tran 诽谤案中,因为似然率可能低到87,所以DNA证据就被排除了。但在其他案件中,法庭可能认为似然率为72或

40的DNA证据也是具有相关性的①。

与英美法系不同,在证据相关性问题上,大陆法系国家的立法并没有详细构建证据的相关性规则,要求法官自由判断,从而形成了自由心证制度,即刑事证据的取舍和证明力大小以及案件事实的认定,均由法官根据自己的良心、理性自由判断,形成确信的一种证据制度。随着西方产业革命和科学技术的飞速发展,人类对自然界的认识水平也相应提高,从而给诉讼制度带来了深刻的影响,即所谓的"证据法革命",其重要结果之一是物证成为诉讼证据中的重要内容,因此在以往的法定证据制度中人为地预先设定规则,以区别证据价值高低的做法也就失去了意义。

英美法系国家重在从证据资格方面审查刑事证据的相关性,而大陆法系国家则重在从证明力方面审查刑事证据的相关性。在英美法系国家,证据可采性占据证据法的核心,一项证据如果缺乏相关性,则欠缺证据能力,法庭不必调查。因此,在刑事证据展示阶段,就应当确定刑事证据有无相关性。当然,如果在刑事证据展示阶段没有发现刑事证据的相关性有什么问题,在认定刑事证据时才提出这一问题的,仍然需要审查。所以英美法系中设置大量的相关性规则,严格规定相关性的具体含义及排除规则,目的是在审前程序通过确定刑事证据的相关性排除无相关性的刑事证据,即使这难免有排斥有用资料的可能。在大陆法系国家,对于证据能力限制较宽,刑事证据是否与案件事实具有相关性,所采用标准也较为宽泛。大陆法系对于证据相关性的原则性规定是"对于案件有意义的和法院应当判明的事实有关系的各种情况,都应当采取作为证据",因此,凡法院认为与案件事实有相关性的证据,均应加以调查。至于是否与案件事实的确相关,其证明力如何,属于证据评价的问题。

6.4.3 刑事DNA证据与非法证据排除规则

刑事DNA证据的证据能力与非法证据排除规则有着紧密的联系,非法

①参见[美]伯纳德·罗伯逊,G.A.维尼奥著:《证据解释——庭审过程中科学证据的评价》,王元凤译,北京:中国政法大学出版社,2015年版,第30页。

证据排除规则是英国刑事诉讼中的一个重要证据规则。在英国,非法证据排除主要适用于刑事诉讼,而且集中规定在英国1984年《警察与刑事证据法》中,而不是法院的判例。非法证据中的"法"是指制定法,而并非宪法。采取强制排除和裁量排除相结合的方法,即对不可靠的供述证据采用强制排除,而基于公正考虑的排除则交由法官来裁量。英国1984年《警察与刑事证据法》第76条(2)和第78条(1)分别是供述强制排除和裁量排除的法律依据。第78条(1)规定,法官有权行使基于公正考虑的自由裁量权。基于"保护性原则",该条规定:"法院可以拒绝采纳证据……如果在法院看来……对该证据的采纳将对程序的公正性造成如此的不良效果以至于法院不应当采纳它。"英国法院行使第78条规定的权力排除证据,有很多种情形。例如,因为警察试图进行呼吸测试的时候,在被追诉人的财产上从事了不当行为,法院排除了一名被追诉人的呼吸样本并撤销了醉酒驾车的定罪。

德国的非法证据排除规则起源于"证据使用禁止"理论。德国的非法证据排除规则主要适用于证据的收集违反法定程序,但是存在着证据本身的内容违反宪法而被排除的"宪法使用禁止";在德国刑事诉讼中,排除非法证据不以警察违法为前提,即使没有警察的介入,证据也有可能被排除。有些排除规则是由制定法规范的,但是大部分排除规则是根据德国宪法中的基本权利发展而来。根据制定法的排除属于强制排除,而依据宪法的排除则适用比例原则。

在美国,非法证据排除规则具有以下特点:第一,非法证据排除规则仅适用于取证程序违法的证据;第二,非法证据排除以美国联邦宪法修正案为根据;第三,非法证据排除以震慑理论为基础,目的是为了防止未来执法者的非法行为;第四,违宪获得的证据排除仅限于刑事诉讼;第五,实行自动排除,即强制排除;第六,不仅排除违宪证据本身,而且排除毒树之果。DNA采样行为作为联邦宪法第四修正案所规定的搜查行为之一,当然也必须通过非法证据排除规则的检验。无论DNA证据是否有助于陪审团认定事实,没有按照合法搜查方法所取得的DNA证据均不具有可采性,特别是无令状搜查或不具有相当理由的搜查所得的DNA证据也应被排除。但美国司法实践中很少发生因排除法则的适用而否定DNA证据的可采性的情况,主要焦点都集中在DNA证据是否满足佛莱伊法则或道伯特法则上。

综合上述国家关于非法证据排除的规定,我们可以发现,立法机关为了保障被追诉人或第三人的人权不被过度侵害,对侦查机关的调查取证行为进行了程序性规范,并对违反程序性规范的后果进行了法律制裁(程序性制裁),即非法证据被排除。笔者认为,通过非法方法提取被害人和第三人的生物样本进行DNA检测分析所得的刑事DNA证据属非法证据,应被排除。我国《刑事诉讼法》规定,只可以对被追诉人强制提取生物样本,对被害人和第三人,侦查机关没有强制提取生物样本的权力。在刑事诉讼中,若侦查机关违背被害人和第三人的意愿强制提取其生物样本并进行DNA分析所得的结果应为非法证据,应被排除于法庭之外,不得作为定案的依据。

6.4.4 刑事DNA鉴定意见与意见证据规则

意见证据规则是英美法系国家证据法上规范证人证言的证据规则,包括普通证人意见和专家证人意见。意见证据是证人证词中对争议事实的想法,以区别于证人对事实的亲身感知本身,或者说是指证人对案件争议事实的看法、观点或者推论等。证人作证时不是以其所见、所闻、所感作出陈述,而是以其意见、推测、猜想作证,此时的陈述就是意见证据。与传闻证据规则、非法证据排除规则一样,意见证据规则的构建对于保障证据真实性、改善诉讼进程有很大的作用。

传统的意见证据规则是指意见证据排除规则,即对于证人依据其推测、猜想、推理等方式所陈述的其对事实的看法,原则上不得被采纳为证据。现代证据法不再绝对排除意见证据,而是采取了区别对待的做法,对于特定情况下的部分证人观点亦可作为定案的依据。意见证据规则包含专家证人意见运用规则与普通证人意见运用规则两个方面。专家证人与普通证人的意见证据具有不同程度的可采性:专家证人意见证据原则上可以采纳,而普通证人意见证据只在例外的情况下才可采纳。在英美法系国家,刑事DNA证据通常以专家证人意见的形式提交于法庭,原则上,专家证人的意见具有可采性,而不具备相关专业知识的普通证人所发表的关于刑事DNA证据的意见则不具有可采性。

意见证据规则是从消极的角度对证据的可采性加以规定的。意见证据规则作为一种证据排除规则,在对证人证言可采性予以规定时,并不是从积极的角度进行操作的,即立法不是规定什么样的证人证言可以采纳为证据。首先,对普通证人的意见、推论或者持有的确信排除其证据资格,而专家意见则具有可采性。其次,意见证据规则体现为将与案件不具有相关性的证据予以剔除。被纳入诉讼程序最终据以认定案件事实的证据必须与案件事实相关。由于普通证人的意见与待证事实之间并不具有相关性,从而不具有证明价值,因此意见证据排除规则的任务则体现为将这些不具有相关性的普通证人意见予以剔除。就刑事DNA证据而言,分子遗传学专家所作出的关于刑事DNA证据的检测分析意见,由于与案件事实之间具有相关性则被认为可以被采信。最后,意见证据规则在运用上具有被动性。意见证据规则并不能主动地产生作用,它只是约束当事人和法院不要提供、收集、运用那些违反该规则的证据。当然,这种约束在两大法系上的表现有所不同。

美国《联邦证据规则》第702条规定,如果科学、技术或其他专业知识将有助于事实审判者理解证据或确定争议事实,凭其专业知识、技能、经验、训练或教育够格为专家的证人可以用意见或其他方式作证。该规则第703条和第705条规定了与专家证人提供意见证据有关的基础事实和数据的可采性问题。其中第703条"专家意见证词的基础"规定,在特定案件中,专家意见或推理所基于的事实或数据可以是专家听证时或听证前感觉或知悉的。如果专家对待证问题形成意见或推理所依据的是在特定领域可合理作为根据的事实或数据,这些事实和数据不必要作为证据采纳。第705条规定,专家可以意见或推理的方式作证并提供相关理由,除法庭另有要求外,不需要事先公开该意见所依据的事实和数据。但是,在交叉询问时可以要求作证专家公开其意见所依据的事实和数据①。

由于历史传统和法律习惯等原因，大陆法系国家没有专家证人和专家证据的概念，但并不等于没有在诉讼中使用专家证据。在大陆法系国家，一般以鉴定意见的形式采用专家证据，将鉴定意见作为一种独立的诉讼证据。专家通常不能称为证人，也不区分普通证人和专家证人，而是将证人和鉴定人明确予以区分。在大陆法系国家，刑事DNA证据通常以刑事DNA鉴定意见的形式提交法庭。刑事DNA鉴定意见是具有法定资质的鉴定人运用自己的专业知识、经验等对DNA样本进行检测分析而得出的专家意见。在我国，刑事DNA证据通常以鉴定意见报告的形式出现，其是法定证据种类鉴定意见的一种，是意见排除规则的例外。

---

①参见［美］罗纳德·J.艾伦，理查德·B.库恩斯，埃莉诺·斯威夫特著：《证据法：文本、问题和案例（第三版）》，张保生，王进喜，赵滢译，北京：高等教育出版社，2011年版，第727页。

7 刑事DNA证据的证明价值

科学证据是现代科学技术应用于司法审判的结果,但是这并不意味着科学证据本身是完美的。科学证据的"科学"在于其实质内容,而不是外在形式,正是由于科学证据所独具的"科学性"才使得科学证据拥有了独立特质。科学证据最大的风险来自对科学证据的判断①。科学证据的证明力,依案件事实的不同而有所差别,科学证据的性质不同其证明力亦有不同,但应将科学证据与其他证据整合,采取综合判断的方法认定事实。当然,科学证据的性质大多属于间接证据,必须综合其他证据,才可以认定犯罪事实。甚至亦有些科学证据属于辅助证据的角色,只能作为增强或减弱证据证明力的证据使用。DNA证据作为科学证据的代表之一,法官也应注意对DNA证据证明价值的审查和判断。

根据我国《刑事诉讼法》的规定,证据的证明价值由法官根据自己的经验和理性自由判断,即实行所谓自由心证主义。自由心证主义是基于相信法官的理性判断,而赋予法官自由判断证据证明力的权力,然而,自由心证并非无限制的自由,允许法官恣意判断,而是要求其具有合理性。有学者认

①参见房保国主编:《科学证据研究》,北京:中国政法大学出版社,2012年版,第335页。

为,为防止法官恣意自由心证,鉴定制度即为其中一个选项,尤其是鉴定内容基于科学知识与方法,即为科学证据,必须受其结论的拘束,从而担保法官心证的合理性。

经验法则是根据经验归纳而形成的知识、规律,包括日常生活法则、自然法则与专门科学法则。根据我国《刑事诉讼法》的规定,为法官所了解掌握的日常生活经验、众所周知的事实、在职务上已知的经验法则,无须举证证明,即属于一般经验法则的运用。其他则为特殊经验法则,而成为待证事实,必须依据证据认定或以鉴定阐明后始得作为认定事实的资料。科学证据在科学上有其遵循的经验法则。例如指纹具有终生不变和各不相同的特征,除同卵双生外,所有人的DNA分型各不相同,此种科学知识已形成一种经验法则[①]。对于此专门知识,若为法官所未具备的知识,即为特殊经验法则的运用,原则上属于待证事实,经证实后法官须受其拘束。

科学证据是由鉴定人依据其对科学知识的掌握,运用科学原理、技术或推理的方法,对鉴定事项所作出的结论。法官需根据此结论适用于案件事实,所以法官需进一步检验依该科学知识或技术所得出结论的过程有无错误,并受其拘束。若法官不受其拘束,则应于判决理由内说明不适用该科学证据的理由。狭义的科学证据如DNA证据,通常所运用的原理为目前已被承认接受的科学法则。对法官而言,这些科学法则通常被认为是众所周知的事实,或在法院已显著的事实,因此具有法则性,甚至成为一般经验法则。例如,世界上不存在基因序列完全相同的两个个体,已几乎成为日常人类生活中的一般经验法则。因此,对于法院来说,其主要问题则在于如何保证实验流程、操作程序的标准化。若其技术的可靠性无疑问,且实施过程亦无失误,则鉴定结果应具有高度拘束力。

1984年,限制性片段长度多态性(RFLP)DNA分型方法首次由英国科学家杰弗里斯发明。1985年,RFLP-DNA分型结果首先为英国刑事司法所采用。20世纪80年代末,美国刑事司法界开始应用DNA证据,DNA证据应用初期,美国科学家及司法界对DNA证据的可信性存在怀疑态度。随着DNA

---

①参见黄朝义著:《事实认定与证据》,台北:元照出版公司,1999年版,第283页。

证据的可信度及法院可采性的提高,美国至少已有几十名被告人或罪犯因使用DNA鉴定技术重新检验而被改判无罪,其中近一半发生在1996年以后。根据正当法律程序原则的要求,美国各州或通过修改立法或通过法院判例确定已决犯享有事后检测DNA的权利。如伊利诺伊州已增订法律准许判决确定后,一定合理条件之下的DNA重新检测,即要求同一性问题系原审法律争点之一,同时要求重新检测程序须符合监督检测环节的要求,使证据不致被调包、污染、改变及替换任何重要部分。所谓监督检测环节是指针对DNA证据的可信度与有效性的判断,必须调查提取DNA样本、保管、实验、分析等监督环节是否存在漏洞,及实验室检测程序是否适当等。为统一各州准许被定罪被告人或罪犯重新检验DNA的标准,美国参议院制定了无辜者保护法案,以提供被定罪人重新检测DNA的机会,该法案被认为是对无辜者及国家司法利益的保护。由于此项程序主要针对审判时法院尚未利用或承认DNA检测或当时技术尚未成熟的案件,因此随着DNA检测技术的进步,判决确定后重新检验DNA的必要性日趋下降。

刑事证据证明力是刑事证据的核心问题,人们之所以关注它,是因为如何准确评价刑事证据的证明力直接决定了刑事案件的走向和诉讼的结果。一方面,它是刑事证本身所具有的自然效力和内在属性,反映了刑事证据与案件事实之间的内在联系及对案件事实的证明价值;另一方面,对它的评价过程是主观见之于客观的过程,是诉讼主体与证明客体相统一的过程,本质上是人的一种主观认识活动。

7.1 影响刑事DNA证据证明价值的因素

可靠性不仅是判断刑事DNA证据证据资格的重要因素,也是法官评价和判断刑事DNA证据证明力的决定性因素。法官对刑事DNA证据证明力的评断绝不是任意的,而是根据其内在的要素进行的。这个判断刑事DNA证据证明价值的内在要素就是刑事DNA证据内容的客观性和实质关联性。刑事DNA证据在使用时都必须提交法庭,经过询问和质证,查证属实以后才能作为定案的根据。在法庭审理过程中,DNA样本和DNA鉴定意见的取证人员和鉴定人员应当出庭,对该刑事DNA证据的获取或者生成过程及有关原理进行说明。相对方及法官有权对刑事DNA证据的取证程序、取证人员的法律资格、使用的设备的可靠性程度等进行审查。为了确保审查能深入进行,相对方还应有权聘请分子生物学和遗传学专家协助发问和进行质证。

科学证据始于证据的收集环节,经过保管、储存、运输传递等阶段,到达实验室后经过检测或检查的鉴定程序,最后生成于实验室,形成鉴定报告这种专家意见证据。鉴定意见的质量可能受上述各个环节和因素的影响[1]。虽然说刑事DNA鉴定的原理和方法已得到世界各国学者和实务界的广泛认可,但鼓吹DNA证据的绝对证明价值是非常危险的。我国学者陈学权通过案例研究发现,辩护人缺乏DNA证据的基本知识,没有对DNA证据进行质证的能力,所以辩护人很少提出对DNA证据可靠性的质疑,同时,作为对DNA证据可靠性最后把关的法官对于公诉方提交的DNA证据基本是无条件采信[2]。我国实务界关于DNA证据的上述态度,让笔者认为有必要详细论述影响DNA证据可靠性的因素。

7.1.1　DNA样本是否被污染或降解

为确保DNA证据的可信性,应当建立针对DNA检验的所有环节的监督制度。监督检验环节即指监督警察及刑事司法实验室在处理DNA证据过程中确保其安全及可信性,这是法院承认DNA证据的证据能力前必须调查的问题。不可否认的是,目前DNA证据在实务上最为诟病的问题之一即欠缺一整套监督实验室处理DNA证据的标准。在刑事审判中,DNA证据最受质疑的常是实验室的错误。

DNA在体外或个体死亡后存在降解过程,首先发生自溶和腐败,需氧菌及厌氧菌等微生物持续释放出分解DNA分子的酶,此时抽提的DNA会断裂

---

①参见房保国主编:《科学证据研究》,北京:中国政法大学出版社,2012年版,第312页。

②参见陈学权:《科学对待DNA证据的证明力》,载《政法论坛》,2010年第5期。

成片段DNA和微生物本身的DNA,所以需要注意微生物DNA是否会对人类DNA的分析产生影响。自溶的发生是由于细胞死亡后,自体内释放出自溶酶所致。从细胞核破裂开始,自溶酶即作用于位于染色体上的DNA,不但使之断裂,更不断地从断端移去DNA,使DNA变为非常短的片段,并增加检测分析的难度。

受污染的检材和检验设备将得到错误的检验结果。为了保证检验结果的可靠性,必须采取有效的污染防治措施。刑事DNA鉴定样本的品质是DNA鉴定结果可靠性的决定性因素,这是由DNA容易降解和被污染的生物学特性决定的。DNA的降解和污染会影响DNA的分型结果。如现场勘验中提取的血痕,若经过长期的风吹日晒和雨淋,血痕会发生霉变和细菌污染,在这些外界因素的作用下,血痕中的DNA会发生降解和污染,从而影响DNA的提取效果,直接影响检验结果的准确性。此外,水和可消化DNA的核酸酶会对DNA产生降解作用;机械外力,紫外线照射,潮湿保存,化学试剂如酸、碱、甲醛、漂白粉等强氧化剂因素,也可以引起DNA降解,或者干扰DNA提取或者抑制DNA聚合酶活性,降低DNA产量,限制DNA分析结果。潮湿环境不仅有利于检材自身核酸酶活性的保持,而且有利于细菌和霉菌等微生物分泌核酸酶,进一步加速DNA降解。一些洗涤剂或去污剂等化学试剂能够溶解细胞膜、核膜,使细胞通透性增加,DNA从细胞中释放出来,并且使组蛋白与DNA分离,使DNA易受各种外力作用发生降解,而降解的DNA片段不适用于大片段DNA限制片段长度多态性分析。因为进行DNA-PCR扩增,需要完整的DNA模板和两侧完整的引物结合区。如果DNA降解严重,模板链断裂部位越多,引物延伸因在DNA模板的断裂点中断而失败,PCR扩增获得的完整的DNA分子则越少[1]。因此,保证刑事DNA鉴定检材的品质是确保DNA鉴定结果可靠性的重要因素之一,也同样影响着刑事司法人员对DNA鉴定证据证明力大小的判断。

刑事DNA鉴定检材的污染还包括人之间的交叉污染。人之间的交叉污

---

①参见何家弘主编:《刑事诉讼中科学证据的审查规则与采信标准》,北京:中国人民公安大学出版社,2014年版,第27-28页。

染可能导致一个生物性样本中检测出两个或两个以上个体的DNA,使得对检测结果的分析变得复杂,从而得出错误的鉴定意见。DNA的交叉污染也可能发生在生物性检材的采集过程中,例如,在提取生物检材过程中没有戴手套,使得手上的细胞成分脱落或黏附到其他生物检材上;采集人员没有戴口罩,因咳嗽导致唾液落到物证上;提取物证时造成DNA的交叉污染;将不同位置的物证混合包装导致交叉污染等。

那如何最大限度地保证刑事DNA鉴定对象的品质呢? 1997年5月15日,公安部颁布了《法医学物证检材的提取、包装、保存和送检》的公共安全行业标准。该标准对法医物证检材的提取方法等进行了较为细致科学的规定,以减少生物性检材的降解和被污染。生物性物证采集的原则包括:①提取或接触物证的人要戴工作帽、口罩和手套,杜绝用手直接接触物证。②所用采集器具要干净、无菌,要尽可能使用一次性器具,如需要连续使用,在提取每件物证前都要彻底清洗、冲净。③采集生物检材时,将一个或多个斑痕及斑痕附近的客体一起切割下来送检。④血痕、精斑和其他斑迹在封入包装袋前需完全自然风干,采用浸湿擦拭法提取的斑痕物证,要立即晾干保存。⑤避免泥土、油脂等环境中其他物质的混入,如果斑痕在刀具、铁棍或其他铁制品表面,也要尽早将它们转移下来。⑥对于物理空间不在一起的物证应分开提取、分开包装。⑦一旦物证提取后,要分别正确包装,做好标记。⑧对于不会外流的物证,应当用纸袋包装。⑨采集的物证样品,小件的要放入冰箱保存,大件的不能放入冰箱的要保存在干燥通风凉爽低温的环境下。斑痕类物证一定要先晾干,组织类物证最好冰冻保存。⑩尽快送检。

7.1.2 DNA样本的保管送检是否规范

在美国曾发生一件奸杀案,犯罪嫌疑人要求再次检验犯罪现场采集的精液,检察官表示已无剩余样本可供检测比对。后来通过辩护人和调查人员的努力,根据证据环节逐步追查,发现首先为被害人进行性侵害检查的医院尚保留实验用的精液样本显微镜玻片并贴有标签,再次检验DNA结果发现精液确非被告人遗留。

公安部颁布的《公安机关办理刑事案件程序规定》第240条要求公安机关应当为鉴定人进行鉴定提供必要的条件,及时向鉴定人送交有关检材和对比样本等原始材料。司法部2007年颁布的《司法鉴定程序通则》也要求司法鉴定机构在接受鉴定委托时,应当要求委托人提供真实、完整、充分的鉴定材料,包括各种检材和鉴定资料。如鉴定材料不真实、不完整、不充分或者取得方式不合法,司法鉴定机构不得受理委托或者终止鉴定。与此同时,司法鉴定机构应当严格依照有关技术规范保管和使用鉴定材料,严格监控鉴定检材的接收、传递、检验、保存和处置,建立科学、严密的管理制度。司法鉴定机构和司法鉴定人因严重不负责任造成鉴定材料损毁、遗失的,应当依法承担责任。《公安机关办理刑事案件程序规定》第241条规定:侦查人员应当做好检材的保管和送检工作,并注明检材送检环节的责任人,确保检材在流转环节中的同一性和不被污染。待测检材被合法提取后,在送至鉴定机构的过程中,涉及妥善保管、避免污染和确保同一性的问题。生物性检材应如何保管和送检等,我国《刑事诉讼法》和相关司法解释并无明确规定,中国公共安全行业标准《法医学物证检材的提取、保存与送检》(GA/T169—1997)对法医物证检材的保存以及法医物证检材的送检进行了系统的规范。是否按照行业标准对法医物证检材进行处理,影响着刑事司法人员对DNA鉴定证据证明力的价值判断。

7.1.3 鉴定机构和鉴定人是否适格

鉴定的主要任务是确认证据材料与案件事实之间的相关性。在刑事诉讼中,法官的作用在于认定案件事实、正确适用法律,而正确适用法律的前提在于正确认定案件事实。鉴定人作为法官的辅助人,其存在的价值在于弥补法官专业知识的不足,运用自己的专业知识、经验来协助法官判断相关证据的证明价值。

鉴定机构和鉴定人的选任不仅影响着刑事DNA鉴定证据的证据能力,同样也影响着刑事DNA证据的证明力大小。在德国刑事诉讼中,鉴定人根据其可信程度被分为五类,对第四类和第五类鉴定人的要求最为严苛。第四类是德国认证委员会及所属认证机构认证的鉴定人。德国的这些认证机构通过考试等形式,证明有关鉴定人的专业水平并颁发资格证书。第五类是公开任命、宣誓的鉴定人,这类条件最高,程序最严格,管理最规范,因而可信度最高[①]。

我国司法部为了提高刑事DNA鉴定的质量,每年都会对司法鉴定机构和鉴定人进行能力认证和资质认可,并颁发该年度的能力验证结果通知。虽然我国《刑事诉讼法》并未将鉴定机构和鉴定人是否通过能力验证作为审查DNA证据的参考因素,但笔者认为,是否通过每年的能力验证,可以反映鉴定机构DNA实验室的软硬件条件是否符合鉴定的需要,以及DNA鉴定人是否具备相应的工作能力,应作为审查判断DNA证据可靠性的参考因素之一。

7.1.4　质量控制与DNA实验室认可

在美国,许多DNA检测都是委托民间的实验室进行的,但是这些实验室常常良莠不齐,所以需要建立DNA实验室认证机制,但实际上许多DNA实验室并没有任何认证标准,这一点使得DNA检测结果受到相当大的质疑。另外,现在许多DNA实验室在进行检测时会使用电脑进行计算,问题是这些检验人员并未实际地进行计算,而只是信赖电脑制作的报告,这种方法在电脑出错时,就会发生结果上的错误。

鉴于美国DNA证据实务运用中产生了许多问题,1992年美国国家研究委员会发表报告,建议建立良好科学研究和检测的基础,DNA报告必须将每一程序如实加以记录。对于DNA实验室标准,该报告建议每个实验室必须确保结果的真实性并控制结果的质量,私人实验室中的质量控制必须引进外部管控程序,法院应要求实验室得到认证且政府应建立相应的认证系统。

刑事DNA鉴定实验室的软件和硬件水平以及管理也会对刑事DNA证据的可靠性产生影响,DNA样本在实验室进行检测的过程中也常常会发生污染问题。由于DNA实验室设置不规范,例如采样区和检测区未进行隔离,

---

[①]参见杜志淳等著:《司法鉴定法立法研究》,北京:法律出版社,2011年版,第45页。

很容易产生DNA样本间的交叉污染,导致DNA分析结果的错误。DNA实验室需经认证,鉴定人员的岗位设置、人员素质、仪器试剂、实验室设置等必须符合技术规范,操作过程和方法必须符合标准,并经过品质管制,以确保鉴定质量的稳定性。我国《刑事诉讼法》对于DNA鉴定的实验室和设备虽无规范,但相关行业技术规范则设置了相应标准,均可作为审查判断刑事DNA证据证明力的参考依据。

美国为了给刑事司法体系提供更好的服务,发展并维持了一套评估实验室的能力标准,同时提供一系列独立、公正、客观的实验室体检制度,对刑事实验室引入了实验室认证制度。如《美国法庭DNA鉴定实验室质量控制标准》对DNA鉴定的技术主管和检验人员的学历、研究方向、学习经历等提出明确要求。DNA鉴定技术主管应符合以下条件:第一,学历。技术主管应具有硕士学历。第二,研究方向。技术主管的研究方向应为生物学、化学或法庭科学等。第三,工作经历。技术主管必须具有法庭DNA实验室工作三年以上的经历。第四,学习经历。技术主管必须完成规定学时的生物化学、遗传学和群体遗传学、分子生物学、统计学课程或研究。DNA鉴定检验人员应符合以下条件:第一,学历。检验人员必须具有大学学历。第二,研究方向。检测人员的研究方向应为生物学、化学或法庭科学。第三,工作经历。检测人员必在法庭DNA实验室工作六个月以上。第四,学习经历。检测人员必须研修完生物化学、遗传学、分子生物学和法医DNA分析技术基本理论等课程,检测人员还必须完成群体遗传学、统计学及其应用的课程或培训等。第五,基本能力。检测人员应具备处理常见生物样本的能力,还必须通过法定的资质考核[①]。

我国台湾地区《鉴识科学实验室技术认证规范》要求对实验记录进行管制。该规范规定,鉴识科学实验室应有文件化程序,以确保每个受理案件都有条理分明的记录。列入案件记录的数据可能包括电话交谈记录、证物收据、证物包装与封缄的描述、观察与检验结果记录、所使用程序之参考数据,

---

①参见刘健,胡兰,姜成涛等译:《美国法庭DNA鉴定实验室质量控制标准》,载《法医学杂志》,1999年第4期。

以及图示、窗体、放射片、相片等须制作成文件之记录。当使用仪器分析时，须记录操作参数。观察或测试结果尽可能以照相或扫描保存(如电泳图、物理比对等)。案件记录中的每一文件中的每一页都必须可追踪到分析人员。从案件记录中可以清楚查到每一阶段的检验人员与时间[1]。

提供科学证据的实验室，一般需要取得国家有关机构的认证认可。2006年，美国律师协会颁布的《DNA证据的刑事司法标准》第3.1条(a)规定，检验DNA证据的实验室需要按照严格的认可标准，由法庭科学职业协会或国家承认的非营利机构每两年对其进行一次认可。我国刑事DNA实验室是否通过司法部每年的能力认证和资质认可测试，对判断我国刑事DNA证据的证明力大小具有重要价值。中国实验室国家认可委员会进行的实验室/检查机构认可提供了对各行业机构是否达到了国际标准的权威评价机制。

目前，我国司法部推行的各实验室、鉴定机构的认可计划是法律工作者评估全国众多DNA鉴定实验室、鉴定机构的技术能力和管理水平的重要评价标准。技术能力包括"软件"和"硬件"两个方面，"软件"包含鉴定人员的数目和鉴定人员的理论和实践能力等。"硬件"包括DNA实验室场地条件和DNA实验室的仪器设备水平等。管理水平指DNA实验室的管理制度是否健全、操作流程是否科学、质量管理体系是否完善等[2]。

7.1.5　STR位点的鉴定能力

不同的实验室，如果使用不同的鉴定系统，有可能DNA分型比对的结果会不同，此为鉴定系统鉴别力的问题。早期是以RFLP(限制性片段长度多态性)鉴定法和VNTR(可变数目串联重复序列)鉴定法为主。由于用于DNA检验的RFLP基因座是高度可变的，除纯合子外，杂合子是从他们父母中遗传的不同的等位基因，产生两个条带的特征图谱。因正常的基因变异或样品本身的问题，或分析过程中的人为因素，使RFLP分析图谱与预期标准图

①参见房保国主编：《科学证据研究》，北京：中国政法大学出版社，2012年版，第248页。

②参见杜志淳等著：《司法鉴定法立法研究》，北京：法律出版社，2011年版，第225页。

谱可能存在偏差,一次产生许多多型的DNA条纹,无法精确判读哪一条该当哪一部分,而且当DNA已经裂解或变性时,则无法再次鉴定。而VNTR鉴定法由于鉴定产物分子较大且存在等位基因间的DNA长度极大差异,对品质不定的生物性物证而言,将可能影响鉴定结果。因此,RFLP和VNTR鉴定法已完全被STR(短串联重复序列)鉴定法所取代。至于mtDNA(线粒体DNA)鉴定法虽也被引用于法庭,但mtDNA鉴定法为同一母系成员提供的遗传标记,无法作为个体识别的鉴定之用,仅根据线粒体的分型区分不出同一母系个体。在我国刑事诉讼实务中,DNA鉴定方法有相关行业技术规范予以规定。如中华人民共和国公共安全行业标准《法庭科学DNA实验室检验规范》(GA/T 383—2002)对DNA实验室检验的方法进行了系统的技术规范,遵循标准化的技术规范是确保DNA鉴定证据可靠性的技术保证。

　　刑事DNA鉴定的STR位点及其数量要求,是检测人员做出分型标准的依据。国内外各大生物试剂公司提供的DNA鉴定试剂盒存在STR位点选择不同和(或)STR位点数目不同的差异。STR位点数目不同可以通过多购买的方式加以解决,但不同的STR位点选择会因不同STR位点等位基因频率不同而对计算结果产生较大差异。上述现象导致不同实验室得出的DNA鉴定意见存在准确度上的差异。DNA分型标准的不一致,既导致不同实验室之间DNA鉴定计算结果的差异,又使法律工作者产生歧义误解[1]。这既需要DNA鉴定领域专家的共同努力,也需要国家出台相关DNA鉴定标准,如中国亲子鉴定STR位点选择及数目标准、中国个人身份识别鉴定STR位点选择及数目标准等。

7.2　刑事DNA证据的证明力评估

　　"关于证据的判断存在多种语境,通常表达为盖然判断,尽管并不总是如此分辨。例如,通常以0到1的常规尺度来表达盖然判断。同样,一个判

---

①参见吕泽华著:《DNA鉴定技术在刑事司法中的运用和规制》,北京:中国人民公安大学出版社,2011年版,第112页。

断的强度,可以用百分比来表达;或者用赌局赔率来表达。还有表达信念的标准公式,主观方面的或客观方面的,这些词都含有概率判断的意思。"[1]

一般来说,科学推论的强度取决于前提中证据主张的真实性和前提中的所有相关证据对争议结论的累计支持。这种累计支持的另外一个名称叫证明力。证明力是科学语境和规制语境都使用的一个术语。那么如何来评价证据的证明力呢?美国逻辑学者舒姆认为,尽管证据的内容千变万化,无穷无尽,但是证据的许多特性和原则超越了证据的类型差异。因此,他提出一种只从一般层面考虑证据的推理特征,如相关性、可信性和证明力,而不考虑证据的具体内容的证据评价方法,即所谓的"实体无涉方法"。实体无涉方法包括单个证据的似然率和组合证据的似然率。单个证据的似然率是指科学证据用于事实认定时通常表现为专家证言或鉴定意见,其证明力主要反映在证据本身的准确性和科学专家的诚实性两个方面。这一点与普通言词证据在形式上是一致的。所谓组合证据的似然率系指对两个以上的证据进行整合评估的一种实体无涉方法。证据的组合有三种情形:共同支持同一主张的证据组合、相互冲突的证据组合和相互矛盾的证据组合。实体无涉方法本身也存在局限性。实体无涉方法的确可以精确地描述证据的可信性和证明力,但是该方法没有考虑证据的具体内容,这必然导致这一方法存在一个不可克服的局限,即它不能恰当地表达某一特定证据的证明价值,因为证据的可信性或证明力恰恰取决于证据的具体内容。因此在评价证据时,仍然需要考虑证据的内容。例如,在面对专家证言时,在我们权衡它的相关性、可信性和证明力之前,我们必须考虑科学鉴定所依据的科学原理、使用的科学方法、技术人员的检验程序、材料的保管等。

刑事DNA证据的证明力判断与概率统计学密不可分。在鉴定结论提示DNA比对吻合的案件中,科学家多以被检测的DNA位点在一般人口中发生吻合的概率来判断该DNA位点在个体识别中的重要意义。但20世纪90年代,专家们对概率计算标准的正当性也存在激烈的争论,随后,美国国家研

---

[1] [美]特伦斯·安德森,戴维·舒姆,[英]威廉·特文宁著:《证据分析》,张保生,朱婷,张月波等译,北京:中国人民大学出版社,2012年版,第305页。

究委员会建立了一套计算标准以避免争论,且依据该标准计算的鉴定意见更易被采信。1992年,美国国家研究委员会发布了一份报告,对于族群中存在次结构评估等位基因频率时,建议采取底限原则,即每个基因位点最高的计算标准为5%,同时要求用作DNA考量的统计数据库必须随时接受科学的检验,并且实验室的错误率必须加以计算。

根据DNA的遗传多态性和数理上的统计概率理论,DNA的多基因位点匹配使DNA的同一认定具有了证据价值。DNA证据价值是通过检材DNA分型和被指控者DNA分型的偶然匹配的概率的强度来支持的。统计数值反映了DNA证据证明力的大小,统计分析的数据和参数选择不当等会影响统计结论的准确性。1990年,曼彻斯特刑事法院审理了R v. Doheny强奸案。在对发现的精斑做DNA分析的过程中,DNA法庭科学家使用了错误的概率统计方法,得出了错误的四千万分之一的随机匹配概率。这一分析结果在R v. Doheny and Adams案中被推翻。概率的统计计算容易在统计和数据分析、法庭质证中被错误解读,只有把握住了DNA鉴定的原理,才能合理评定DNA证据的证明力,做到既不夸大也不缩小其证明力[1]。

在辛普森杀妻案中,美国警方在距离命案现场三公里的辛普森住宅处搜出了带血的袜子和手套、在车库外车道上采集了可疑血痕、在其白色福特轿车内收集了带血物证。检察官认为,在该案现场后门所提取血迹的DNA检测结果提示,出现概率为五百七十亿分之一(当时世界人口才五十多亿人),且此检测结果与辛普森的DNA检测结果一致。由于此鉴定结果中的概率数字过高,亦成为控辩双方争论的焦点。DNA鉴定专家乔那森·克勒指出,刑事案件中DNA分型吻合的统计学概率意义经常被夸大或被错误地解读,如描述为:根据DNA分型结果在一般人口中出现的随机概率显示,样本是被告人以外之人遗留的可能性低。

---

① 参见吕泽华著:《DNA鉴定技术在刑事司法中的运用和规制》,北京:中国人民公安大学出版社,2011年版,第48—49页。

7.2.1 刑事DNA证据之个人身份认定价值

7.2.1.1 遗传标记个人识别的系统效能

不同DNA遗传标记具有独特的检验价值和意义,实践中常根据具体案件情况需要进行检测。单个常染色体DNA遗传标记提供的信息量有限,但联合应用多个遗传标记,复合扩增检测,提高了整个检测体系的累积个体识别率,极大地降低了在人群中随机抽取两名个体具有相同分型的概率,增强了识别无关个体的能力。在个人识别案件中,如果在排除等位基因缺失、非特异峰等前提下,两个检材在所检测的遗传标记表型中出现一个及以上不同时,可判断为不匹配,可以排除它们来自同一个体。如果分型一致,则要考虑两种情况:一种情况是样本确实来自同一个体,另一种情况是来自不同个体,只是所检测的遗传标记偶然一致。对于第二种情况,随着检测遗传标记数量的增加,它们的差异会显现出来[①]。

"证据组合就是通过组合活动发现证据的系统结构,并通过组织成为证据整体、整合证据信息所包含的各种关系,使之成为一个信息整体,成为一个知识系统,从而具有证明依据的功能或者确认事实的功能。证据组合是对客观存在的证据系统的重建,进而使其信息具有知识系统的功能。"[②]刑事DNA证据的个人身份识别和亲缘关系鉴定的价值是通过检测多个DNA多态性位点,而非单一位点或某几个位点,并结合每个位点在人群中分布的概率来统计分析该DNA证据的证明价值,从而达到单个位点或者几个位点所不能达到的证明强度。目前在个人身份识别案件中,要求检测多少个常染色体STR遗传标记没有强制性规范,只是在中华人民共和国公共安全行业标准《人类DNA荧光标记STR分型结果的分析及应用》(GA/T 1163—2014)中,关于分型结果评估有"两个检材在所检测的多个遗传标记表型一致时判断为匹配,检测出的遗传标记不少于13个STR基因座"的描述。

---

①参见袁丽著:《法医DNA证据研究》,北京:法律出版社,2017年版,第74页。

②薛献斌著:《证据组合论——科学证据观对证据现象的新观察》,北京:中国检察出版社,2008年版,第383页。

遗传标记的多态性程度越高,应用该遗传标记进行个人身份认定的效能就越高。系统效能可用个人识别能力(DP)这一指标进行评价。举例说明:深夜在某公共广场的花坛旁发生一起故意杀人案件,小李白天从该公共广场的花坛旁经过时,随手将烟蒂丢在该花坛边,不巧的是,该烟蒂刚好位于案发现场。侦查人员在现场勘查时提取了该枚烟蒂,并进行了STR位点的DNA检测。从遗传学理论上来说,通过对STR位点的检测,可以排除小李涉案的可能。但当DNA检测的STR位点的多态性较差时,小李的DNA检测结果有可能与犯罪嫌疑人的一致。因此,我们有必要了解每个STR位点识别无关个体的能力,而每个STR位点的识别能力并不相同。STR位点就像ABO血型一样,ABO血型只有四型,但DNA的STR位点存在极大数量的分型,单个STR位点检测的个体识别能力较弱,但多个STR位点检测的综合个体识别能力将大大增强,甚至可以达到同一性认定的程度。

7.2.1.2　个案中刑事DNA证据证明力

对于个案刑事DNA鉴定而言,个人身份识别的实质是分别对现场提取的DNA样本和取自嫌犯的DNA样本进行STR分型比对,判断是否出自同一个体。DNA分型无非两种结果:两份DNA样本来自同一个体或不是同一个体。若两份DNA样本的遗传标记表型不同,则说明两份DNA样本来自不同个体。若两份DNA样本的遗传标记表型相同,可能存在两种情况:第一,两份DNA样本来自同一个体;第二,两份DNA样本来自不同个体。对于一份犯罪现场提取的DNA样本来说,如果留下该样本的人与被追诉人不是同一个体,理论上来说,其来自群体中的1名随机个体,仅仅因为其表型碰巧与被追诉人相同而出现了匹配。我们可以估计当两份样本的遗传标记表型匹配时,如果现场样本不是被追诉人留下的,一个理论上的随机个体留下的可能性有多大。

发生于新西兰的R v.Pengelly案件为我们提供了一个示例,帮助我们了解应该如何处理证据。这是在奥克兰发生的一桩谋杀案。在作案过程中,行凶者割伤自己并在现场留下了血迹。警方使用DNA分型结果分析现场找到的血迹。在法庭上,法庭科学工作者玛格莉特·劳顿博士在描述分析结果时说到,在对其所获得的DNA检验结果进行分析时,是基于下述两种情况考虑的:或者血液样本来自Pengelly,或者血液样本来自其他人。玛格莉特·劳顿博士发现,这种DNA检验结果表明血迹来自Pengelly的概率至少是血迹来自其他人的概率的12 450倍。

个人身份识别主要通过对两份检材的多个表型进行检测,根据检测结果判别这两份检材是否出自同一个体。鉴定人员检测的STR位点越多,并且每个STR位点的表型都完全吻合,这说明该份刑事DNA鉴定意见越可靠。例如,某故意杀人案件中,侦查人员从犯罪现场提取了血痕,同时也采集了被追诉人的血液作为DNA样本进行检测分析,检测结果提示两份样本的13个STR基因座表型完全吻合。根据频率来评价概率,该种表型组合在人群中的罕见程度可以由表型频率这一指标进行评价,表型频率则依据乘法定律计算。从概率上评价,除了同卵双生外,全球不可能找到这样13个STR位点表型完全一致的另一人,可以进行同一性认定。就概率分析而论,有理由认为遗传分析提供的证据是充分的[1]。

在个人身份同一性认定中,司法实务部门更倾向于使用似然率(LR)这一指标来评估刑事DNA证据的证明力。似然率基于两个假设。侦查人员对谋杀现场提取的唾液样本和提取的被追诉人唾液样本进行STR分型,这两份样本的各STR位点表型组合都是E,这时我们有两个假设:第一个是现场提取的唾液样本是无关个体遗留的,第二个是现场提取的样本是被追诉人遗留的。似然率是假设第二种情况下STR分型的表型组合都是E的概率与假设第一种情况下STR位点分型的表型组合都是E的概率之比[2]。似然率的数值越大,则表示支持控方观点的力度越大。

---

①参见侯一平,王保捷主编:《法医物证学(第2版)》,北京:人民卫生出版社,1998年版,第366页。

②参见侯一平主编:《法医物证司法鉴定实务》,北京:法律出版社,2013年版,第138-141页。

7.2.1.3 Y-STR基因座DNA证据的证据价值

Y染色体特有的STR基因座为父系遗传且相互连锁,以等位基因单倍型表达遗传差异性。在性犯罪案件中,侦查人员对女性被害人进行检查时,经常可以提取到混合斑迹,这类混合斑可能既含有被害人自身的体细胞,也含有被追诉人的精细胞或第三人的精细胞等。传统的差异裂解法无法使精子与女性成分完全分离,在男性的DNA提取液中常混有女性DNA成分。我们可以通过Y-STR基因座的检测解决上述难题。

从不同男性血液、精液、唾液等成分构成的混合物中提取的DNA是不同个体DNA的混合物。对这种混合DNA进行常染色体的STR分型,将导致STR分型结果难以判断,此时借助Y-STR检测可能会解决此难题。例如,某地发生一起轮奸案,侦查人员提取了被害人的阴道分泌物,为了确定被追诉人的人数,我们可以借助于Y-STR基因座分析技术,虽然其无法得出确切结论,但可以为案件的继续侦查提供线索。在个人身份认定中,当联合检测多个Y-STR基因座时可提高其识别效率。需要注意的是,Y-STR基因座等位基因是单倍型,各基因座是连锁遗传,即同一父系的男性具有同样的单倍型,因此,Y-STR分型在个人身份认定中存在局限性,但Y-STR单倍型不一致时,可以作出否定的结论[1]。

7.2.2 刑事DNA证据之亲子鉴定价值

孟德尔遗传法则的分离律表明,在配子细胞形成过程中,成对的等位基因彼此分离,分别进入两个配子细胞,所以单个精细胞或卵细胞仅携带亲代的一半遗传信息,而孩子的基因中必然是一半来自父亲,一半来自母亲。就某个多态性位点来说,当亲代一方是某等位基因纯合子时,他们全部孩子应具有这个等位基因,而孩子的某一等位基因必定在父亲或母亲任一方出现。

目前STR是最常用的亲子鉴定遗传标记。根据美国血库协会收集到的

---

[1]参见郑秀芬编著:《法医DNA分析》,北京:中国人民公安大学出版社,2002年版,第312页。

STR基因位点突变数据分析,现在检测的STR基因座均存在基因突变。基因突变导致亲代与子代的遗传标记不符合孟德尔遗传法则,其可能影响亲子鉴定结果的可靠性。由于基因突变或其他因素的影响,国际上对亲子关系的排除提出一些认定意见:①只有一个遗传标记不符合孟德尔遗传法则,不能直接排除亲子关系,必须增加检测其他STR位点。②两个STR基因座或同一染色体上的两个遗传标记不符合孟德尔遗传法则,需谨慎对待,必须增加检测STR位点后分析判断。③有三个或三个以上独立遗传的STR位点不符合孟德尔遗传法则,则可以排除其亲子关系[1]。

在强奸致孕的刑事案件中,侦查人员有时需要医师的帮助来提取被害人宫腔内的胚胎组织,有时被害人已将胎儿娩出。这时,侦查人员需要判断该胚胎或胎儿的生父是谁,即犯罪嫌疑人是谁。大多数情况下,侦查人员先将被害人和胎儿或胚胎的DNA样本交由鉴定机构进行DNA分型鉴定,并储存鉴定图谱。在建立犯罪人DNA数据库的国家或城市可以先进行数据库的索引来明确犯罪嫌疑人的身份,但有时只能依据被害人等提供的其他线索来查找犯罪嫌疑人。在确定犯罪嫌疑人后则需提取其DNA样本进行STR分型,与胎儿或胚胎组织的分型结果及被害人的分型结果进行比对加以确认或否认。当胎儿或胚胎组织的每个STR位点的等位基因与犯罪嫌疑人和被害人的等位基因匹配时,就不能排除胎儿或胚胎组织与犯罪嫌疑人和被害人的亲子关系,但并不能得出确定性的结论,因为确定性的结论取决于检测的STR位点数量及每个STR位点的等位基因频率。

专家们通常会对其主张的一些概率作出说明,在亲子关系鉴定案件中尤为如此。在此类案件中,关于X是Y的父亲的概率大小问题,法院通常会听取专家的陈述。因此,在新西兰的Byers v.Nicholls案中,我们发现了以下证言:"实验结果表明,Byers有99%的概率是那个女孩的父亲。"这个典型的陈述是遵循1938年提出的公式而作出来的。尽管美国著名学者曾批判此种

---

①参见袁丽著:《法医DNA证据研究》,北京:法律出版社,2017年版,第76页。

陈述是不合理的,但是直到今天,它仍在一些司法程序中广泛应用[1]。

父权指数是亲子关系鉴定中判断遗传证据强度的指标,它是判断亲子关系所需的两个条件概率的似然比,即犯罪嫌疑人是胎儿或胚胎组织的亲生父亲的概率(A)与随机男性是胎儿或胚胎组织亲生父亲的概率(B)的比值,用下列公式表示:PI=A/B。A代表犯罪嫌疑人是胎儿或胚胎组织的亲生父亲的概率,B代表随机男性是胎儿或胚胎组织亲生父亲的概率。

亲子鉴定中使用的全套遗传标记系统的效能,即多个遗传标记系统的累积非父排除率足够高是用PI进行统计决策的前提。如果不管系统效能,仅靠PI值这一单一指标进行统计决策是不可靠的。PI是两个条件概率的比值,它的一个条件概率可以按贝叶氏定理换算成另一个条件概率,从而引出另一个参数,即父权相对机会(RCP)或父权概率。对多个STR位点进行检测时,若父权不能排除,则单个STR位点获得的PI需单独计算。假设每个STR位点的父权指数分别为PI_1、PI_2、PI_3……PI_n,n个STR位点的父权指数相乘为累积父权指数(CPI),再由此计算RCP。公式如下:$CPI=PI_1×PI_2×PI_3×PI_4×……×PI_n$,$RCP=CPI/(CPI+1)$[2]。举例说明如表7-1。

表7-1　累积父权指数与RCP计算

STR位点	AF	母亲	孩子	PI
TH01	9,10	9,10	9,10	0.8904
vWA	17,17	16,18	16,17	3.3113
FES	11,13	11,11	11,13	2.6882
D13S317	10,12	8,11	8,10	2.0263

---

[1] 参见［美］伯纳德·罗伯逊,G.A.维尼奥著:《证据解释——庭审过程中科学证据的评价》,王元凤译,北京:中国政法大学出版社,2015年版,第34页。

[2] 参见杨庆恩主编:《DNA在法庭科学中的应用》,北京:中国人民公安大学出版社,1994年版,第167-174页。

（续表）

STR 位点	AF	母亲	孩子	PI
D3S1358	11,12	12,13	11,13	5.2521
D8S1179	13,18	14,15	15,18	12.6263
D21S11	22,24	21,25	24,25	2.5157
D16S539	8,12	7,11	7,12	4.2315
D5S818	7,9	8,10	8,9	2.3545
D7S820	6,10	7,7	6,7	3.3324
D18S51	13,16	15,15	15,16	8.8267
FGA	18,22	20,24	18,20	8.9278
CSF1P0	10,13	9,11	10,11	4.5657
TPOX	6,9	7,10	7,9	7.7896
D1S1676	12,15	13,17	13,15	6.4356
CPE>0.9995		CPI=1604432675		RCP>99.95

Y-STR位点的遗传特性不同于常染色体STR位点，表现为父系遗传特征，因此，Y-STR位点在父子关系鉴定中具有一定的应用价值，主要表现为Y-STR位点在犯罪嫌疑人的父亲已经死亡或失踪的情况下，可采集同父系的其他男性DNA样本加以替代。若该男孩的Y-STR分型与同父系的其他男性Y-STR分型不匹配则可予以排除。当只检测Y染色体上的STR位点，发现两个样本完全吻合时，也不能当然确定他们之间的亲子关系。

7.2.3　线粒体DNA证据的证明价值

线粒体DNA本身存在高突变性。研究发现,线粒体D环区存在着三个高变区(HVR I、HVR II、HVR III)。通过对线粒体DNA两个高变区的测序分析,排除率可达95.6%至98.1%,因此,线粒体DNA可以用于个体识别。如在美国,第一例使用线粒体DNA破案的刑事案件是由被奸杀的4岁女童喉咙中取出的一根红色毛发而查获犯罪嫌疑人。

案例7-1:

　　1998年6月30日,美国国防部部长威廉·科恩向世界宣布,美国已用DNA技术对阿灵顿国家公墓中越南战争的死亡士兵进行个体识别,mtDNA分析已经识别出美国空军第一中尉麦克尔·J·布拉希的残骸。在具有多态性的mtDNA控制区的610个碱基中,麦克尔·J·布拉希的母亲和从无名士兵墓的骨头碎片中提取的样本完全匹配。同时,因为与参考样本不匹配,排除了其他八名可疑士兵。1998年的整个6月份,马里兰州的罗克维尔军方DNA鉴定实验室的科学家们对从骨骼检材得到的mtDNA序列信息进行分析。八个在An Loc村附近失踪的可疑美国士兵的母系亲属均作为家系参考样本。他们分析了骨骼样本mtDNA控制区nt16024-16365(HV I)和nt73-340(HV II)的序列。发现只有一例从无名士兵墓内掘出的骨骸mtDNA序列与麦克尔·J·布拉希的母亲完全匹配。正是由于这个肯定的鉴定结果,布拉希一家才能在圣路易斯的杰弗逊兵营国家公墓埋葬布拉希中尉的残骸[①]。

根据人群调查发现,无关个体在高变区I和II一般有4个以上碱基序列不同,异质性很少同时发生在两个碱基中,不是来自同一母系的mtDNA样本不止在一个核苷酸上存在差异。如果比对样品存在2个以上的碱基序列差异,可以排除他们的相关性;如果比对样品序列只有1个碱基差异,则分两种情况分析:①如果在物证样本中观察到异质体,而没有在已知样本中观察

---

①参见[美]John M.Butler著:《法医DNA分型——STR遗传标记的生物学、方法学及遗传学》,侯一平,刘雅诚主译,北京:科学出版社,2007年版,第185页。

到,或反过来,在已知样本中观察到异质体,而在物证样本中没有观察到,在这种情况下不能排除它们有同一母系关系或来自同一来源;②如果物证样本与比对样本间只有1个碱基差异,而又没有观察到异质性的存在,此时的结果解释应是不能确定两个样本之间的同源性。总之,样本间碱基差异数越大,他们来自同一来源或有相同母系起源的可能性越小。

如果mtDNA序列相同,那么不能排除DNA证据样本与对照样本来自同一个来源。比如案发现场提取毛发的mtDNA序列与某一被追诉人的相同,那么这种匹配有三种可能:①毛发可能来自犯罪嫌疑人;②毛发可能来自与被追诉人有同一母系的亲属;③毛发可能来自与被追诉人无母系关系的无关个体[①]。也就是说,线粒体DNA的测序结果对个人身份的同一性认定价值不大。

在山西岳兔元涉嫌故意杀人案中,在黄河边出现了一具无名男尸,侦查机关怀疑为失踪者岳宝子,审讯中岳兔元承认其杀害了岳宝子,又加上该无名男尸与失踪者岳宝子母亲的DNA序列相同,法庭错误认定无名男尸为岳宝子。当"死者"岳宝子突然回家时,本案即真相大白。线粒体DNA只能用于确认被检人的母系亲缘关系,而不能作为对失踪人口的同一性认定。本案夸大了线粒体DNA的证据价值,导致岳兔元被错误起诉[②]。

总之,一位法庭科学家是无法判定控方主张成立的绝对概率的,他只能判定控方主张成立或不成立,哪种情况出现的概率更高,即相对概率。似然率可以用于表达上述相对概率。一般而言,当似然率小于或大于1时,证据具有关联性;当似然率等于1时,证据是毫无价值的,因为它不具有关联性。即使证据具有关联性,也有可能被证据排除规则予以排除,例如因为其证明力不足以对抗采纳这个证据时所需要付出的时间、金钱、干扰或者偏见等成本而予以排除[③]。

---

①参见郑秀芬编著:《法医DNA分析》,北京:中国人民公安大学出版社,2002年版,第342页。

②参见袁丽著:《法医DNA证据研究》,北京:法律出版社,2017年版,第222页。

③参见[美]伯纳德·罗伯逊,G.A.维尼奥著:《证据解释——庭审过程中科学证据的评价》,王元凤译,北京:中国政法大学出版社,2015年版,第39—40页。

7.3　刑事DNA证据质证

DNA证据具有"证据之王"的美誉,这一证据有利也有弊。如果盲目相信DNA证据,可能会造成冤假错案。"在道伯特案中的多数法官把已知或潜在的误差比例看作庭审法官在筛选专家证据过程中衡量的一个因素,仔细研究已经提供的科学证据中潜在的误差比例至少是获得允许的,并且可能是必须的。"[①]

7.3.1　刑事DNA证据质证的必要性

7.3.1.1　刑事DNA证据自身特点

刑事DNA证据从发现到提交法庭经历了提取、保存、送检、检测和报告等一系列过程。由于DNA样本自身的弱点、DNA样本检测方法的特殊性以及统计学分析方法的局限性等,都可能影响到刑事DNA鉴定意见的可靠性。因此,刑事DNA证据和其他刑事证据一样,必须提交法庭,经过控辩双方的充分质证后才能作为定案的依据。

使用RFLP技术进行DNA检测时,会出现经过限制性内切酶切割后的条带照片,那么,在何种情况下可以确定这两张不同的照片中的条带是一致的呢? 此一问题其实在Castro和Yee两个案件中就已经存在争论。在Castro案中,生命密码公司称被害人身上的血迹样本与被告人手表上的血迹样本吻合。在决定DNA证据可采性的审前听证中,许多著名科学家保证生命密码公司检测结果的可靠性,但被告人聘请的专家则认为,生命密码公司对几条不清楚的条带故意作不利于被告人的解释且该解释已超出该公司的数量合致法则。而在Yee案中,被告人的律师也曾对FBI的吻合判断标准提出质疑。虽然被告人的律师和专家不断地质疑控方专家合致的判断标准,但是法院很少因为合致的标准问题而否定DNA证据的可采性。只有1991年的

[①] [美]肯尼斯·R·福斯特,彼得·W.伯休著:《对科学证据的认定——科学知识与联邦法院》,王增森译,北京:法律出版社,2001年版,第81页。

People v. Halik案,法官认为合致法则不满足佛莱伊法则而否定DNA证据的可采性。

7.3.1.2 我国DNA鉴定存在的问题

目前,我国对刑事DNA样本的取证和送检人员培训严重不足,导致侦查人员在提取和送检DNA样本时不规范,影响DNA检测结果的可靠性。DNA实验室的质量管理薄弱。随着我国经济的高速发展,公安系统DNA实验室的数量与日俱增。大量新实验室、新设备、新鉴定人员投入带来的问题是实践经验不足,DNA分型操作不规范,应当保存的DNA实验室资料未保存①。DNA鉴定人员资质参差不齐。DNA鉴定人员的素质是DNA证据可靠性的重要保证,包括鉴定人员的专业技能和职业道德。由于DNA分型实验操作的复杂性和高精准性,对鉴定人员的专业技能要求特别高,鉴定人必须具备一定的专业理论基础和实践经验。因此,在我国法庭中呈现的刑事DNA证据存在不可靠的可能性。

在刑事诉讼实务上,法官及辩护人很少对DNA证据的检验各环节进行审核,若发生类似美国司法实践中出现的错误,因我国未建立监督机制及标准,这类错误很难被发现。因此,为了保障DNA证据的可靠性及被法院接纳的程度,使DNA证据检测过程中的错误不被掩饰,我国有必要建立一套严格统一并适用于各刑事实验室的标准,其内容包括实验室人员的管理,DNA样本的采集、分类、保存、检验等过程和步骤等,其中只要有一个环节未达标,即应否定DNA证据的证据资格。

7.3.2 刑事DNA证据的审前开示

证据开示是审前程序的一个组成部分。证据开示的目的是明确争点、保全证据,促进和解、防止证据突袭和简化诉讼。近年来,随着科学证据运用的广度和深度不断增强,科学证据开示的必要性也越来越突出,较其他证

---

①参见胡兰,黄正光,刘健等:《我国法医DNA检验存在的问题及质量保证体系初探》,载《中国法医学杂志》,1999年第3期。

据更具有现实意义①。专家证言的开示必须在庭审以前进行,可以采用书面或口头的方式。

DNA证据在美国刑事诉讼中被视为科学证据。根据《联邦证据规则》第702条的规定,科学证据必须由专家证人呈现于法庭,专家证人在法庭上必须接受控辩双方的交叉询问。为了有效地进行交叉询问,被告人的辩护人必须取得控方关于科学证据的相关资料,因此,必须在审前进行证据开示的程序。就DNA证据而言,审前开示内容包括:①DNA检测分析的程序;②DNA检测分析的结论;③DNA检测分析的专家资格;④DNA鉴定意义的依据和实际检测人;⑤DNA分型图谱和统计资料。

美国法院在判例中确立了DNA证据具有可采性的条件之一,是实验室DNA检测过程无误。面对法院的这种态度,被告人如果想摆脱DNA证据可能带给他的不利后果,必须对DNA证据在实验室的检测过程有着充分的了解,在法律上自然会要求控方开示其检测过程的记录或报告,也就是证据开示的问题。在1990年之后,美国刑事司法关注的重心即检方必须充分开示其所属FBI实验室或委托的民营实验室测试时的相关记录,只有在这种情况下,被告人似乎才有力量对抗控方,于是出现了一个重要判例即United States v. Yee et al案。

案例7-2:

1988年2月27日晚9∶30左右,被害人David Hartlaub的尸体被发现,经过法医检验,Hartlaub在他的车中被他人枪击6枪以上身亡,然而没有任何目击证人,但是他的车中有大片的血迹存在。检方凭一些证据将犯罪嫌疑指向"地狱天使帮"的三个成员Steve Yee、Mark Verdi和John Bonds,后来检方通过DNA比对,发现车内的血迹除了被害人Hartlaub遗留之外,还有一部分为John Bonds遗留,在DNA分型比对吻合的情况下,检方对三人提起控诉。在审前程序中,被告人请求检方开示进行DNA测试的原始资料,其法律依据是《联邦刑事诉讼规则》第16条的规定,并

①参见张南宁著:《科学证据基本问题研究》,北京:中国政法大学出版社,2013年版,第256页。

且称FBI所公布的文件中关于认定吻合的标准含混不清或前后矛盾,因此有必要通过证据开示将资料提供给被告人知悉,法院最终裁定检方必须开示DNA检测的原始资料。

英国1984年《警察与刑事证据法》第81条对专家证言开示进行了规定:第一,所有专家证言应以书面形式在法庭审理前向对方出示;第二,双方专家证言共享;第三,未开示的专家证言不具有证据资格;第四,举行专家会议。

我国《刑事诉讼法》未对刑事DNA证据审前开示进行明确的规定。笔者认为,应借鉴英国1984年《警察与刑事证据法》的规定完善我国的刑事DNA证据审前开示制度。不仅应开示刑事DNA证据的结论,还应开示完整的刑事DNA鉴定报告,也可应辩护人要求开示DNA检测过程中的所有检测记录,以供辩方专家审查其检测方法、过程的科学性和规范性。刑事DNA证据审前开示制度的确立可以提高辩方审查刑事DNA证据的能力,发现DNA检测过程中可能存在的错误,为法庭正确判断刑事DNA证据的证明力提供依据。同时,我国刑事诉讼立法还应确立未开示刑事DNA证据的法律后果,如借鉴英国立法的规定,控辩双方未开示的刑事DNA证据不得提交法庭审查。

7.3.3 DNA鉴定人出庭作证

鉴定人出庭作证是现代证据法的基本要求。庭审中,诉讼双方和法官都需要DNA鉴定专家的辅助解释才能有效地对刑事DNA证据进行审查和认证。在我国刑事司法实践中,鉴定人出庭作证的案例少之又少,法官往往仅凭一纸DNA鉴定意见就作出裁判,这有悖科学证据的使用规律。DNA鉴定人出庭作证不仅可以促使鉴定人保持中立的位置,也可以保障被追诉人的质证权。

我国《刑事诉讼法》第187条系鉴定人出庭作证的法律依据,该条对鉴定人出庭作证的条件和法律后果进行了规定。鉴定人出庭作证必须满足两个条件,即控方和(或)辩方对鉴定意见存在异议,同时,法庭认为鉴定人有必要出庭。该条立法虽然减少了鉴定人不出庭的现象,促进鉴定人员出庭作证,协助法官正确地审查鉴定意见,也有利于辩方对鉴定意见提出自己的疑问,从而得到鉴定人的合理解释。但必须经法官许可的规定,其实是将刚打开的两扇门,又关上了一扇。笔者认为,在刑事诉讼中,只要控辩双方中一方对鉴定意见存在异议,鉴定人员就应出庭作证。特别是在涉及刑事DNA证据的鉴定意见时,被追诉人常缺乏基本的DNA常识,根本无从判断该鉴定意见的可靠性和合法性,当辩方对DNA鉴定意见存在异议时,鉴定人就应出庭作证。

刑事DNA鉴定意见的形成不是一蹴而就的,其要经历犯罪现场或人体DNA样本的采集、提取、包装、保存、送检、实验室检测和出具鉴定意见书等一系列过程。大致可以分为两个阶段:第一阶段是DNA样本采集至送检阶段,第二阶段是实验室检测阶段。第一阶段需要DNA鉴定人员出庭说明的内容包括:DNA样本的采集方法,采集的量,DNA样本的提取方法,DNA样本是否分别包装、记录,保存的条件是否符合规定等,这些因素均会影响送入实验室检测的DNA样本是否符合科学检验的要求。第二阶段还包括一系列流程,其中涉及鉴定人员的水平,DNA的提取是否规范,实验室的空间分配是否合理(标准DNA实验室要求采样区、DNA提取区、DNA检测分析区进行隔离),检测DNA的技术和方法是否规范以及统计学计算方法是否科学等,这些均需要鉴定人员出庭接受控辩双方的质证以及法官的询问。法官不是相关领域的专家,无法仅就DNA鉴定意见书对这些问题进行判断。而鉴定人是DNA分型的实施者,其出庭作证有利于全面审查影响DNA鉴定意见可靠性的全部要素。

7.3.4 专家辅助人

当科学证据越来越为法院倚重时,人们对DNA证据愈来愈熟悉。当立法者、法院及科学家都承认DNA证据的证据能力时,其实只是解决了DNA证据的部分问题,更多的问题是法院如何运用及监督DNA证据,尤其是给予被追诉人足以对抗控诉证据(DNA证据)的工具,近年来这在美国成为新问题。因为当刑事DNA证据的证据资格问题无疑问时,其必然更为侦查人员所倚重。随着情势的变化,被追诉人会要求法院提供协助以重新鉴定、重新解释或攻击控方的DNA证据,此种协助必将增加法院的支出。部分法院认为,若不给予被追诉人DNA鉴定专家协助的机会,可能产生判决错误的风险,但大部分法院均以被追诉人未能提出合理的事由为由,予以拒绝。

在美国,虽然许多法院都接受DNA鉴定技术的有效性和有用性,但面对被追诉人聘请DNA鉴定专家或重新检验证据的请求,由于美国联邦宪法第十四修正案明确规定,不得未经正当法律程序剥夺人的生命、自由、财产,法院对于此处是否有正当法律程序的适用存在疑虑。被追诉人是否有权得到DNA鉴定专家协助的问题与能否获得精神病学专家协助的问题类似。

被追诉人是否有权获得DNA鉴定专家的协助应参考 Mathews v. Eldrige,Ake v. Oklahoma 和 Caldwell v. Mississsippi 案。Mathews v. Eldrige 案是美国联邦最高法院首次在判例中阐释正当法律程序的含义。该案的争论焦点:在终止残障人士的社会安全利益时,根据宪法规定是否应举行关于证据问题的预审听证调查程序。法院在该案的判决中指出,适用正当法律程序的前提要素是:①私人利益将因官方行为受影响;②私人利益有被错误剥夺的可能;③牵涉到政府的利益时,政府的利益包括政府职能可能受到影响,及因必要的额外程序或替代程序可能增加财政和行政的负担。

美国联邦最高法院在 Ake v. Oklahoma 案中,判断政府是否应给予被追诉人独立的精神病学专家时便援引 Mathews v. Eldrige 案的标准。在 Ake v. Oklahoma 案中,法院指出本案应先解决一位合格精神病学专家的参与对提高被追诉人防御能力是否必要,及在何情形下才是必要的这一问题。法院将 Mathews v. Eldrige 案的三个标准均援用于此。首先,私人利益是否受影响?刑事程序所涉及的私人利益是个人的生命或自由,由于政府竭力追诉被告人以推翻无罪推定,其中所涉及的私人利益是显然的,反之政府利益是非常局限的。俄克拉荷马州政府认为如此将增加政府的巨额财政负担。但美国联邦最高法院最终驳回俄克拉荷马州政府的主张,认为政府在刑事诉讼中的利益是维护公平正确的裁判。增加政府负担可能是州政府拒绝被追诉人的唯一理由,但此处仅限于为一名贫穷被告人提供一名精神病学专家,及证明被告人的精神是否存在异常等审判争点,其并不会造成严重的财政负担。如被告人未获得专家证人的帮助,存在法院认定精神异常错误的风险是该案最重要的争点。在 Ake v. Oklahoma 案中,为了判断被告人聘请专家证人的价值和未获专家协助导致错判的风险,法院认为,应详细分析精神病学专家在刑事审判中可能扮演的角色以及精神病学非真正的科学。

美国联邦最高法院认为精神病学专家在审判中扮演"调查、解释及作证"的角色,经过询问、交谈、分析资料以得出被告人精神状况的结论,翻译医学报告中的专业术语以协助法官或陪审团认定事实,了解并询问控方的精神病学专家并对其回答加以解析。因此,被告人的精神病学专家起着协助没有精神病学训练的陪审团成员,对被告人作案时的精神状况作出专业的判断的重要作用。

1985年,美国联邦最高法院在 Caldwell v. Mississsippi 案中,准许被告人聘请精神病学专家为其鉴定人,但驳回其要求法院提供一名调查员、一名指纹专家和弹道学专家的申请。联邦最高法院支持密西西比州最高法院的决定,认为以法院的费用聘请专家,被告人必须说明该申请的合理性。于是在适用 Mathews v. Eldrige 案确认的标准之前,法院应首先判断被告人请求法院为其聘请专家的合理性,即被告人必须说明专家的协助对案件的裁判非常重要且专家可以提高被告人对抗追诉的防御能力,以及驳回专家协助申请可能导致审判的不公正。

DNA鉴定专家与精神病学专家在判断上的异同。美国各法院对于是否同意被告人聘请DNA鉴定专家存在较大分歧,主要原因是各法院对DNA鉴定的信赖程度存在差异。有的法院认为DNA鉴定的结论不会存在较大差异,不准许被告人的申请;亦有法院认为DNA样本检测结果存在模糊之处和判断上的差异,因此足以使法院准许被告人的申请。印第安纳州最高法院在 Harrison v. Indiana 案中认为,对于被告人之专家协助申请,应以专家证言的依据是否基于明确的物理方法和化学实验加以区分。如果答案是肯定的,则应驳回申请。法院认为精神病学是解释人的精神问题的,具有不确定性,因此专家意见可能存在较大差异。相反,DNA鉴定证据是基于明确的物理方法和化学实验所得出的结论,法院拒绝被告人聘请专家加以协助的理由是合理的。若DNA鉴定结论非常明确,则应依Harrison v. Indiana案的标准,驳回被告人的申请,但若DNA鉴定结论被认为具有极大的不确定性,则应依Ake v. Oklahoma案的见解,支持被告人的申请。

我国《刑事诉讼法》并未规定专家辅助人这一概念,该法第192条仅使用了"有专门知识的人"这一称谓。国内有学者将"有专门知识的人"界定为专家辅助人。在国外立法中,专家辅助人还有别的称谓,如意大利刑事诉讼立法将其界定为"技术顾问"。意大利《刑事诉讼法典》第225条规定,在决定进行鉴定后,公诉人和当事人有权任命自己的技术顾问,各方任命的技术顾问数目不得超过鉴定人的数目。在国家救助法规定的情况和条件下,当事人有权获得国家公费提供的技术顾问的协助。该条同时对技术顾问的聘请主体、聘请时机、人数以及法律援助的条件进行了规定。聘请主体为公诉人和当事人,即公诉机关、被追诉人甚至被害人都有权聘请自己的技术顾问,但各自聘请的技术顾问数目不能超过鉴定人的数目。在符合法定条件下,赋予被追诉人等有困难的群体申请国家救助的权利。通过上述分析可知,意大利立法中技术顾问的服务对象是双向的,既可以为追诉机关提供服务,也可以为被追诉人提供服务。这一规定与我国《刑事诉讼法》第192条的立法规定基本相似。我国《刑事诉讼法》第192条规定,专家辅助人既可受聘于公诉人,也可以受聘于被追诉人。俄罗斯刑事诉讼立法则将其界定为"专家",俄罗斯《联邦刑事诉讼法典》第58条将专家提供的具体服务项目进行了列举。如专家可以协助控辩双方就鉴定报告中的疑问向鉴定人发问以及帮助控辩双方理解鉴定报告中出现的专业术语,解释鉴定方法的原理、操作流程及形成误差的影响因素。

从学理的角度来说,在刑事诉讼中建立DNA专家辅助人制度,是因为DNA鉴定意见本身可能存在错误或局限性,而要发现这些可能存在的错误或局限性就必须了解刑事DNA鉴定的复杂原理、使用的技术方法、DNA分型试验的操作流程等,而这些专业技术知识对于法官、公诉人或律师来说是相当难以理解的。因此，在涉及DNA证据的刑事诉讼中，应当引入通晓DNA知识的专家辅助人参与诉讼，澄清控辩审三方对DNA鉴定报告中的疑惑，以达到正确适用证据的目的。

笔者认为，我国的刑事DNA专家辅助人制度应进一步完善。第一，可以借鉴俄罗斯刑事诉讼立法的经验赋予刑事DNA专家辅助人诉讼参与人的身份。我国《刑事诉讼法》虽然引入了专家辅助人概念，但对其在诉讼过程中的权利和义务并没有相应的规定，缺乏诉讼参与人构成要件中的关键要件。我国刑事诉讼立法应进行相应的完善，明确专家辅助人在诉讼过程中的权利和义务。如赋予专家辅助人可以勘查现场，提取DNA样本进行分析检测的权利。在辛普森案件中，作为辛普森专家辅助人的李昌钰博士就可以对现场进行勘验、提取物证检验。第二，专家辅助人有权参加侦查程序。我国《刑事诉讼法》仅规定在审判阶段，专家辅助人可以介入诉讼，但对于侦查阶段，却没有赋予辩护人聘请"有专门知识的人"的参与权利。我国刑事诉讼立法应借鉴意大利立法的有益经验，规定在启动DNA鉴定程序时，控辩双方即有权聘请自己的刑事DNA专家辅助人，对于侦查阶段涉及的DNA鉴定及早介入，有利于保障被追诉人的合法诉讼权利，更有利于防止侦查机关滥用侦查权[①]。

---

①参见刘广三，汪枫：《论我国刑事诉讼专家辅助人制度的完善》，载《中国司法鉴定》，2013年第2期。

参考文献

一、专著类

[1]伯纳德·罗伯逊,G.A.维尼奥.证据解释——庭审过程中科学证据的评价[M].王元凤,译.北京:中国政法大学出版社,2015.

[2]陈瑞华.刑事证据法学(第二版)[M].北京:北京大学出版社,2014.

[3]陈学权.科技证据论——以刑事诉讼为视角[M].北京:中国政法大学出版社,2007.

[4]杜志淳.司法鉴定法立法研究[M].北京:法律出版社,2011.

[5]房保国.科学证据研究[M].北京:中国政法大学出版社,2012.

[6]何家弘.刑事诉讼中科学证据的审查规则与采信标准[M].北京:中国人民公安大学出版社,2014.

[7]黄维智.鉴定证据制度研究[M].北京:中国检察出版社,2006.

[8]侯一平.法医物证学[M].3版.北京:人民卫生出版社,2009.

[9]侯一平.法医物证司法鉴定实务[M].北京:法律出版社,2013.

[10]John M.Butler.法医DNA分型:STR遗传标记的生物学、方法学及遗

传学[M].侯一平,刘雅诚,主译.北京:科学出版社,2007.

[11]John M.Butler.法医DNA分型专论:方法学[M].侯一平,李成涛,主译.北京:科学出版社,2013.

[12]季美君.专家证据制度比较研究[M].北京:北京大学出版社,2008.

[13]鲁涤.法医DNA证据相关问题研究[M].北京:中国政法大学出版社,2012.

[14]吕德坚,陆惠玲.DNA亲权鉴定[M].广州:暨南大学出版社,2005.

[15]刘广三.刑事证据法学(第二版)[M].北京:中国人民大学出版社,2015.

[16]李文.司法物证鉴定学[M].北京:法律出版社,2011.

[17]吕泽华.DNA鉴定技术在刑事司法中的运用和规制[M].北京:中国人民公安大学出版社,2011.

[18]孙长永.侦查程序与人权:比较法考察[M].北京:中国方正出版社,2000.

[19]沈达明.英美证据法[M].北京:中信出版社,1996.

[20]孙远.刑事证据能力导论[M].北京:人民法院出版社,2007.

[21]童大跃,刘超.新编法医物证检验技术[M].北京:中国医药科技出版社,2013.

[22]王达人,曾粤兴.正义的诉求:美国辛普森案和中国杜培武案的比较[M].北京:法律出版社,2003.

[23]吴宏耀,苏凌.刑事搜查扣押制度改革与完善[M].北京:中国人民公安大学出版社,2011.

[24]王志刚.刑事人身检查制度研究[M].北京:中国人民公安大学出版社,2011.

[25]王兆鹏.美国刑事诉讼法[M].北京:北京大学出版社,2005.

[26]薛献斌.证据组合论——科学证据观对证据现象的新观察[M].北京:中国检察出版社,2008.

[27]闫立强,李金光.法医个人识别与亲子鉴定[M].北京:群众出版社,

2007.

[28]杨立新.人身权法论[M].北京:人民法院出版社,2002.

[29]杨庆恩.DNA在法庭科学中的应用[M].北京:中国人民公安大学出版社,1994.

[30]杨正鸣,倪铁.犯罪现场勘查案解[M].上海:复旦大学出版社,2011.

[31]张保生.证据法学[M].北京:中国政法大学出版社,2009.

[32]中国法学会:英国警察与刑事证据法(1984年)警察工作规程(经修改)[M],沈根明,王满船,龚卫斌,等译.北京:金城出版社,2001.

[33]朱富美.科学鉴定与刑事侦查[M].北京:中国民主法制出版社,2006.

[34]张华.司法鉴定若干问题实务研究[M].北京:知识产权出版社,2009.

[35]张军.刑事证据规则理解与适用[M].北京:法律出版社,2010.

[36]张南宁.科学证据基本问题研究[M].北京:中国政法大学出版社,2013.

[37]赵兴春.DNA作证[M].北京:群众出版社,2006.

[38]郑秀芬.法医DNA分析[M].北京:中国人民公安大学出版社,2002.

二、期刊类

[1]卞建林,李婵媛.刑事强制鉴定制度初探[J].中国司法鉴定,2010(3).

[2]陈光中,陈学权.强制采样与人权保障之冲突与平衡[J].现代法学,2005(5).

[3]陈学权.刑事诉讼中DNA证据运用的实证分析——以北大法意数据库中的刑事裁判文书为对象[J].中国刑事司法杂志,2009(4).

[4]陈学权.科学对待DNA证据的证明力[J].政法论坛,2010(5).

[5]胡兰,黄正光,刘健,等.我国法医DNA检验存在的问题及质量保证体系初探[J].中国法医学杂志,1999(3).

[6]黄敏.建立我国刑事司法鉴定"专家辅助人制度"[J].政治与法律,2004(1).

[7]刘广三,汪枫.论我国刑事诉讼专家辅助人制度的完善[J].中国司法鉴定,2013(2).

[8]刘广三,汪枫.刑事DNA采样和分析中的法理思考[J].法学杂志,2015(3).

[9]刘健,胡兰,姜成涛,等.美国法庭DNA鉴定实验室质量控制标准[J].法医学杂志,1999(4).

[10]刘晓丹.DNA样本强制采集与隐私权保护[J].中国人民公安大学学报(社会科学版),2012(3).

[11]邱格屏.走出DNA证据的误区——对DNA证据"不可质疑性"的质疑[J].福建公安高等专科学校学报——社会公共安全研究,2001(5).

[12]邱格屏.刑事DNA数据库的基因隐私权分析[J].法学论坛,2008(2).

[13]宋远升.强制身体检查之思索与权衡[J].中国刑事法杂志,2006(6).

[14]宋远升.比较法视野下的强制采样制度研究[J].江西公安专科学校学报,2006(6).

[15]袁丽.论DNA鉴定结论的证据效力研究[J].中国司法鉴定,2008(3).

[16]俞树毅.科学证据DNA检验及其结论之研究[J].兰州大学学报,2005(2).

[17]杨雄.刑事身体检查制度的法理分析[J].中国刑事法杂志,2005(2).

[18]赵兴春,刘健,姜成涛,等.法庭DNA鉴定实验室质量保证标准[J].公安大学学报(自然科学版),2001(3).

[19]赵兴春.刑事案件DNA检验采样与鉴定立法现状[J].证据科学,2009(1).